U0924208

1921-2021
厦门大学
XIAMEN UNIVERSITY

厦门大学百年校庆系列出版物

百年精神文化系列

让建南钟声 传响大山深处

赖虹凯　主编

厦门大学出版社
XIAMEN UNIVERSITY PRESS
国家一级出版社
全国百佳图书出版单位

图书在版编目(CIP)数据

让建南钟声传响大山深处:厦门大学研究生支教团22周年访谈录/赖虹凯主编.
—厦门:厦门大学出版社,2021.3
ISBN 978-7-5615-7927-5

Ⅰ.①让… Ⅱ.①赖… Ⅲ.①不发达地区-教育工作 -概况-中国
Ⅳ.①G527

中国版本图书馆 CIP 数据核字(2020)第 269092 号

出 版 人 郑文礼
责任编辑 冀 钦 廖婉瑜
美术编辑 蒋卓群
技术编辑 朱 楷

出版发行 厦门大学出版社
社 址 厦门市软件园二期望海路 39 号
邮政编码 361008
总 机 0592-2181111 0592-2181406(传真)
营销中心 0592-2184458 0592-2181365
网 址 http://www.xmupress.com
邮 箱 xmup@xmupress.com
印 刷 厦门集大印刷厂

开本 720 mm×1 000 mm 1/16
印张 14.75
插页 7
字数 204 千字
版次 2021 年 3 月第 1 版
印次 2021 年 3 月第 1 次印刷
定价 56.00 元

本书如有印装质量问题请直接寄承印厂调换

厦门大学出版社
微信二维码

厦门大学出版社
微博二维码

本书编委会

顾　　问：张　彦　张　荣

主　　编：赖虹凯

副主编：曾　铮

编　　委：林　蕊　文　静　梁振伟　周林琪　王心君　林宇阳　武晓琳

稿件负责人：

陈淑铌　高瑜聪　侯佳君　洪佳敏　林宇阳　王心君　谢　芃　杨盛澜　张锡臻　周钧庭　周晓牧

校稿（学生）：

骆　慧　梅龙飞　覃才修　索紫矜　涂佳婕　王悦霖　王中华　余哲炜

采访团队（学生记者）：

曹湫扬　陈利萍　陈思羽　方　翼　付海浒　葛　衍　桂妩双　胡欣怡　黄子瑜　赖烨臻　赖艺伟　李　晗　李俊一　李可艺　李远超　梁文旭　廖艺萍　林　瀚　林励书　林姝晴　林衍含　林瑜婧　刘曦琳　卢　昊　马　强　毛语晨　宁一奇　潘俊瑭　潘怡彤　裴闻达　任雪纯　石　浩　孙明策　田　飞　王雨彤　吴港飞　吴思扬　夏羽含　谢婧雯　谢伊辛　熊贝妮　许　愿　杨涵琪　叶凌昀　叶思圆　俞　昊　袁馨予　张萌萌　张　锐　赵天骏　郑沛晰　朱俊洁　朱　怡　史鹭佳　肖理浩　李欣润　张雨菲　张心怡

宁夏固原市隆德县县城新貌

宁夏中卫市海原县关桥乡鸟瞰

宁夏中卫市海原县关桥中学学生进行课间活动

厦大首届支教队员开展课堂教学

厦大支教队员深夜备课挑灯夜战

学生们在窗外旁听厦大支教队员开办的讲座

厦大支教队员在教室为学生上课

厦大支教队员在海原县关桥中学为全校学生开办计算机知识普及讲座

一个停电的晚自习，从孩子眼里看到了希望

厦大支教队员在教室为学生上信息课

厦大支教队员举办“山海情深 再续情缘”主题班团课

厦大支教队员开设美术高考课程，做“艺术守望者”

厦大支教队员为学生开展主题教育活动

厦大支教队员在关桥中学组织学生合唱比赛

厦大支教队员在海原县组建第一支电声乐队

厦大支教队员为学生开展啦啦操培训，丰富“第二课堂”

厦大支教队员在闽宁镇开展“七彩假期”活动

厦大支教队员在内蒙古额济纳旗中学举行辩论赛活动

厦大支教队员前往学生家中走访慰问

厦大支教队员给贫困学生送去温暖

厦大支教队员与受助后治愈的先天性心脏病学生家庭合影

厦门大学团委赴海原县开展“山海相连·爱心传递”助学活动

厦门大学为海原县关桥中学捐建上弦月运动场

厦大支教队员举行“感恩·责任·奉献”奖助学金发放仪式

*彩色插页图片由共青团厦门大学委员会、厦门大学研究生支教队员提供。

总 序

厦门大学 | 党委书记 张 彦
校 长 张 荣

2021年4月6日，厦门大学百年华诞。百载风雨，十秩辉煌，这是厦门大学发展的里程碑，继往开来的新起点。全校师生员工和海内外校友满怀深情地期盼这一荣耀时刻的到来。

为迎接百年校庆，学校在三年前就启动了“百年校庆系列出版工程”的筹备工作，专门成立“厦门大学百年校庆系列出版物编委会”，加强领导，统一部署。各院系、部门通力合作，众多专家学者和相关单位的工作人员全身心地参与到这项工作之中。同志们满怀高度的责任感和紧迫感，以“提升质量，确保进度，打造精品”为目标，争分夺秒，全力以赴，使这项出版工程得以快速顺利地进行。在这个重要的历史时刻，总结厦大百年奋斗历史，阐扬百年厦大“四种精神”，抒写厦大为伟大祖国所做出的突出贡献，激发厦大人的自豪感和使命感，无疑是献给百岁厦大最好的生日礼物。

“百年校庆系列出版工程”包括组织编撰百年校史、百年组织机构史、百年院系史、百年精神文化、百年学术论著选刊、校史资料与学生名录……有多个系列近150种图书将与广大读者见面。从图书规模、涉及领域、参编人员等角度看，此项出版工程极为浩大。这些出版物的问世，将为学校留下大量珍贵的历史资料，为学校深入开展校史教育提供丰富生动的素材，也将为弘扬厦门大学“自强不息，止于至善”校训精神注入时代的新鲜血液，帮助人们透过“中国最美大学校园”

的山海空间和历史回响，更加清晰地理解厦门大学在中国发展进程中发挥的独特作用、扮演的重要角色，领略“南方之强”的文化与精神魅力。

百年校庆系列出版物将多方呈现百年厦大的精彩历史画卷。这些凝聚全校师生员工心血的出版物，让我们感受到厦大人弦歌不辍的精神风貌。图文并茂的《厦门大学百年校史》，穿越历史长廊，带领我们聆听厦大不平凡百年岁月的历史足音。《为吾国放一异彩——厦门大学与伟大祖国》浓墨重彩地记述厦门大学与全国34个省级行政区以及福建省九市一区一县血浓于水的校地情缘，从中可以读出厦门大学在中华民族伟大复兴征程中留下的深深烙印。参与面最广的“厦门大学百年院系史系列”、《厦门大学百年组织机构史》，共有30多个学院和直属单位参与编写，通过对厦门大学各学院和组织机构发展脉络、演变轨迹的细致梳理，深入介绍厦门大学的党建工作、学科建设、人才培养、组织管理、社会服务等方面的发展历程，展示办学成就，彰显办学特色。《厦门大学校史资料（1992—2017年）》和《厦门大学学生名录（2010—2019年）》，连同已经出版的同类史料，将较完整、翔实地展现学校发展轨迹，记录下每位厦大学子的荣耀。“厦门大学百年精神文化系列”涵盖人物传记和校园风采两大主题，其中《陈嘉庚传》在搜集大量史料的基础上，以时代精神和崭新视角，生动展现了校主陈嘉庚先生的丰功伟绩。此次推出《林文庆传》《萨本栋传》《汪德耀传》《王亚南传》四部厦门大学老校长传记，是对他们为厦大发展所做出的突出贡献的深切缅怀。厦大校友、红军会计制度创始人、中国共产党金融事业奠基人之一高捷成的传记《我的祖父高捷成》，则是首次全面地介绍这位为中国人民解放事业做出杰出贡献的烈士的事迹。新版《陈景润传》，把这位“最美奋斗者”、“感动中国人物”、令厦大人骄傲的杰出校友、世界著名数学家不平凡的人生再次展现在我们眼前。抒写校园风采的《厦门大学百年建筑》、《厦门大学餐饮百年》、《建南大舞台》、《芙蓉园里尽芳菲》、《我的厦大老师》（百年华诞纪念专辑）、《创新创业厦大人2》、《志愿之光》、《让建南钟声传响大山深处》、《我的厦大范儿》以及潘维廉的《我在厦大三十年》等，都从不同的角度，引领我们去品读厦门大学的真正内涵，感受厦门大学浓郁的人文精神和科学精神。

此次出版的“厦门大学百年学术论著选刊”，由专家学者精选，重刊一批厦大已故著名学者在校工作期间完成的、具有重要价值的学术论著（包括讲义、未刊印的论著稿本等），目的在于反映和宣传厦门大学百年来的学术成就和贡献，挖掘百年来厦门大学丰厚的历史积淀和传统资源，展示厦门大学的学术底蕴，重建“厦大学派”，为学校“双一流”建设提供学术传统的支撑。学校将把这项工作列入长期规划，在百年校庆时出版第一辑共40种，今后还将陆续出版。

“自强！自强！学海何洋洋！”100年前，陈嘉庚先生于民族危难之际，抱着“教育为立国之本，兴学乃国民天职”的信念，创办了厦门大学这所中国历史上第一所由华侨独资建设的大学。100年来，厦大人秉承“研究高深学术，养成专门人才，阐扬世界文化”的办学宗旨，在实现中华民族伟大复兴的征程上书写自己的精彩篇章。我们相信，当百年校庆的欢庆浪潮归于平静时，这些出版物将会是一串串熠熠生辉的耀眼珍珠，成为记录厦门大学百年奋斗之旅的永恒坐标，成为流淌在人们心中的美好记忆，并将不断激励我们不忘初心继承传统，牢记使命乘风破浪，向着中国特色世界一流大学目标奋勇前行！

张彦　张荣

2020年12月

序

赖虹凯

2019年盛夏，恰逢厦门大学第二十一届研究生支教团启程前，《学习时报》刊载了《习近平在厦门》系列采访实录，其中第十三篇刊发了《习近平同志提倡年轻人要“自找苦吃”》，回顾了习近平同志在厦门工作时对厦大学子张宏樑的亲切关怀和人生指导。在研究生支教团出征仪式上，许多同学主动分享了学习采访实录的心得体会，表示要积极按照习近平同志的要求，“利用一切机会锻炼自己”“和实践相结合，给书本上的知识‘挤挤水’，得到知识‘干货’”“下乡过五关：跳蚤关、饮食关、生活关、劳动关、思想关”。曾经历知青生活的我听到这些，感触良多。

作为张宏樑的师长和朋友，我亲历了他在厦大的成长。在校期间，张宏樑很幸运得到了时任厦门市委常委、副市长习近平同志的亲切指导，习近平同志与他书信往来、探讨《资本论》学习，还带他调研何厝村，指导他进行社会实践和论文写作。其中，习近平同志提倡年轻人要“自找苦吃”“志存高远，行循自然”“不要把基层当大车店”，寄托了对当代青年的殷切期望。毕业后，张宏樑曾专门回母校参加几次专场座谈会，并在2019级新生开学典礼上作为校友代表讲话，与青年学子们分享习近平同志提出的“年轻人要‘自找苦吃’”对他人生的影响。支教团多位同学也提到了这一点，他们表示要听党话、跟党走，到祖国和人民最需要的地方去“自找苦吃”，用实际行动践行习近平同志对青年人的期望，我觉得他们找到了自己的人生航向和价值追求，也一定能用一年不长的时间，做一件终生难忘的事。

1987 届经济系校友张宏樑在厦门大学 2019 级开学典礼上发言

厦门大学研究生支教团是学校积极响应共青团中央、教育部的号召，为"中国青年志愿者扶贫接力计划"研究生支教团项目组建的优秀青年志愿者组织。作为首批参加该项目的高校，自 1999 年起，厦门大学先后派遣了 22 届共 296 名获得研究生入学资格的优秀本科毕业生参加支教，支教地遍布宁夏、西藏和内蒙古等地区。这是一支肩负着教育扶贫历史使命的青年队伍，队伍中的每一个人都有幸成为国家教育扶贫事业的建设者与见证者。22 年来，这群"自找苦吃"的年轻人远赴西部山区支教，面对险阻的交通、恶劣的气候、严峻的扶贫任务和困难的办学环境，与贫困山区学校师生同吃同住同劳动，发挥党团员的先锋模范作用，始终奋战在党和国家脱贫攻坚战场第一线，用爱心、青春和智慧切断贫困代际传递，点亮西部山区乡村千万孩子的人生梦想。支教团多次荣获共青团中央西部计划“赴宁研究生支教团先进集体”(五届),宁夏回族自治区“支教工作先进集体”(三届)、“优秀支教单位”称号,还先后获得“厦门市优秀青年志愿服务团体”、“2005 年感动厦门十大人物”、共青团中央“镜头中的最美支教团”,以及国务院扶贫办“志愿者扶贫案例 50 佳”等荣誉。2020 年 7 月,支教团作为“闽宁对口扶贫协作援宁群体”中一员,荣获中共中央宣传部授予的“时代楷模”称号,在国家教育脱贫事业,尤其是在习近平同志亲自开创、亲自部署、亲自推动的闽宁对口扶贫协作上,书写了浓墨重彩的一笔。

参加学习“习近平同志提倡年轻人要‘自找苦吃’”座谈会的师生代表

艰难困苦,玉汝于成。青年大学生要成大器,要成为社会主义建设者和接班人,理应坚定吃苦精神,必须经过艰难困苦的磨砺,主动在敢于吃苦、乐于吃苦、善于吃苦、不忘吃苦中砥砺初心、茁壮成长,不贪图安逸、不回避困难;要做起而行之的行动者,不做坐而论道的清谈客;要当攻坚克难的奋斗者,不当怕见风雨的泥菩萨。习近平同志曾说:“人生的道路要靠自己来选择。如何选择一条正确的道路，关键是要有坚定的理想信念。否则，环境再好照样会走错路。”22 年间，研究生支教团以实际行动选择了一条正确之路，他们自觉把使命放在心上，把责任扛在肩上，扎根在教育扶贫第一线，身体力行回答“为谁吃苦、吃什么苦、怎么吃苦”的人生课题，在“自找苦吃”的过程中锤炼意志、收获成长。2020 年是决胜全面建成小康社会、决战脱贫攻坚的收官之年，也是实现“两个一百年”奋斗目标的历史交汇之年。在这个特殊的时间节点，我们一起回顾研究生支教团 22 年来的工作，记录他们所播下的每一粒希望的种子，闪耀的每一个动人的瞬间，许下的每一份跨越山海的心愿，这些因“自找苦吃”收获的“自我成长”，正如涓涓细流汇入大海，形成了这本浸润了爱国底色和厦大本色的青春纪念册。

2021 年，我们即将迎来伟大的中国共产党和亲爱的厦门大学的百年华诞，研究生支教团在校党委的领导下，坚持二十余年如一日所谱写的这篇跨越山海的佳话，还将由无数厦大青年学子续写。希望以此书的出版为契机，激励广大青年学子深入学习贯彻习近平新时代中国特色社会主义思想，主动“自找苦吃”，在磨砺中锤炼品德修为、练就过硬本领，努力成长为德智体美劳全面发展的社会主义建设者和接班人，为实现中华民族伟大复兴的中国梦而不懈奋斗。

厦门大学党委副书记　赖虹凯

2020 年 10 月 29 日

◎目　录

第一部分

访谈研究生支教团队员

张秀丽：用一年的时间做一生难忘的事

“我常想：这里大概是我人生中碰到的环境最艰苦的地方了，但是我却在精神上得到了很大的满足。当地的每一个人都对我们非常好，是那种‘朴实的、不知该如何向你表达’的好。”

张秀丽

采访对象：张秀丽，1975 年 11 月生，山西大同人，厦门大学艺术学院讲师、辅导员。1999 年，作为厦门大学首届研究生支教团成员，前往宁夏回族自治区西吉县三合乡三合中学支教。2003 年起在厦门大学担任辅导员至今。

采访组：李可艺　杨涵琪　陈利萍

采访日期：2020 年 8 月 7 日

采访地点：厦门大学艺术学院

采访组:您是研究生支教团的第一批志愿者，请您简单介绍一下当年支教的基本情况。

张秀丽:我是 1999 年去支教的。 1998 年，共青团中央、教育部发起“中国青年志愿者扶贫接力计划”研究生支教团项目，因为是第一年，所以全国只选派了 22 个高校参加。 共青团中央给了厦大 4 个名额，除我以外，另外 3 名都是男生。 出征前，我们去北京接受了关于讲课、心理素质等方面的统一培训。 出征的时候，团中央还在人民大会堂给我们举行了出征仪式。 支教期间，团中央还每个月给我们发放 300 元的补贴。

赴宁夏的支教队伍一共有 20 人，培训结束后就从北京出发前往银川。我们到达银川后，银川的电视台还专程过来采访我们。 到达西吉县之后，县委主要领导专程跟我们见面、给我们介绍情况，可以感受到县里面很重视我们这支支教队伍。 他们也表达了对我们的担心，一是因为条件很艰苦，二是因为当地多是回民，怕我们和当地居民在相处上会不适应。 最终，我和来自陕西师范大学的 1 名女生，以及来自吉林大学的 2 名男生，共 4 人一组去了西吉县的三合中学。

三合中学离当地县城有两个小时的车程，中途会路过一个相对大一点的乡。 我所在的乡比较小，没有邮局，所以我们所有的邮件包裹都是从县城寄到那个大点的乡，找人统一放在邮政代办点，隔几天再坐车去拿。 支教期间我的大学同学、老师、家人都给我寄过很多大件，过去取件来回要花费好几个小时，很耗费时间。

我在那边负责了两门课：高三的数学和物理。 两门课都是主课，而且每天都要上，所以我一般会上午给孩子们上数学课，下午上物理课。 学校的排课也有些特别，通常我们的早自习会安排语文课或英语课，但是他们早自习也会安排数学课和物理课，晚自习也会安排这些课。 所以有时就会碰到早自习由我来上课、下午也是我上课、晚自习还是我上课的情况。 我不上课的时间，基本也都用来备课。

当地很难买到什么学习资料，我就让我的大学同学给我寄了一堆学习资料，从那些学习资料里面找一些适合他们做的题，然后拿纸刻字，刻好后拿到油印机上印出来。在那里的每一天我都过得很充实，按时上课，下课之后改作业，改完作业备课，备完课就去印卷子，晚上发作业讲题，然后就是第二天了。

采访组：在支教的过程中您遇到了哪些生活上和心理上的困难？觉得支教的实际情况和预想差别大吗？

张秀丽：村子里的学生宿舍不是一张一张单独的床，而是大通铺，而且宿舍没有通电。后来学校给我们清空了两间办公室作为宿舍，女生一间，男生一间。我们两个女生共睡一张床，两个男生只有一张单人床，后来另一个男生就拿木板和石头拼了一张床。我在银川接受采访的时候就大概想象到了当地的情况，但是当我到了学校亲眼所见时，确实还是有些出乎意料，第一是宿舍，第二就是饮水。饮用水需要爬山到很远的地方取来，那水又苦又涩，还不能立即饮用，需要等很久直到水澄清了才能喝。

我们所在的乡有一个固定的赶集时间，我们也去逛过。我在集市上买过苹果，但是那个苹果干巴巴的，没有什么水分，而且特别小。第一次赶集我们都挺兴奋的，兴高采烈地跑去看了一会儿，但是大概半个小时过后我们就回来了，感觉没什么东西可买。回来后又开始期待第二个集市会不会有不一样的地方，结果发现还是这样，就逐渐失去兴趣了。

平心而论，当地在物质上是真的匮乏，我常想：这里大概是我人生中碰到的环境最艰苦的地方了，但是我却在精神上得到了很大的满足。当地的每一个人都对我们非常好，是那种‘朴实的、不知该如何向你表达’的好。当地的村民总是用特别崇拜的眼神看待我们，包括那些我们没教过的孩子。有些老师家里有什么事要走，就会请我们去代课，我去之后就发现孩子们的眼神里充满着一种对知识、对山外世界的渴望。那个时候我们的想法很纯粹，就是给他们上好每一堂课。当地的老师也希望我们多上课，学生也希望我们多给他们讲讲，校长也是。校长还希望我们给他们的老师开备课研讨会。

当时觉得自己特别伟大，用一年时间能做这么一件对自己、对那些孩子来说一辈子难忘的事，感觉特别棒。他们会感觉我们带去了很多不一样的东西。老师们也认可我们在教学方式上的一些优势。总之，所有的老师、村民、学生都非常好，都特别崇拜我们，这让我们在精神上得到极大的鼓舞，十分有成熟感！

采访组：您印象最深的几件事是什么？

张秀丽：当地的教室是到上课时间才亮灯，下课就熄灯，学生如果想额外自习就需要自己点蜡烛。有一天晚上我改完作业，发现没有拉窗帘，准备拉上的时候看见窗户外面聚集着好多学生，借着我房间的灯光在看书。从那之后，我睡觉前再也没拉过窗帘。

我所在学校的校长是一位富有教育理想的人，他经常叫我们去他家吃饭，其实就是吃馕，没什么菜，但是给人的感觉很温暖。当时我就特别喜欢他家的罐罐茶，这对我来说真的是一道美味。当地老师们的教学水平确实比较有限，但他们也十分努力地把有限的知识传授给学生。因此，我也十分敬佩当地的老师，他们对这份工作的态度都非常认真。对我们而言，我们的支教时间是一年，这一年里你只需要将全身心都投入到支教这一件事上来，没有其他的负担，但是当地的老师还要照顾家庭，农忙的时候要回去种地。在这样的情况下，他们还能倾尽全力、百分之百地付出，真的非常敬业。

我记得山上常年看不到绿色。村子里就一条很短的路，学校在哪，石板路就只延伸到哪，其他地方都是山。因为当地太不适合居住了，当时国家推行了一个计划，希望这些人能够迁移到另一个适合居住的地方。这件事我是通过小饭馆的阿姨知道的，我们当时还曾劝她，她完全可以凭借做饭的手艺在新的地方开始新的生活。但是她仍然不愿意离开，因为她觉得这是他们祖辈生活的地方，她舍不得离开，虽然身在穷乡僻壤，但是她和亲戚、邻里的感情很好。我走的时候给他们留了一些自己的衣物，当地人也送给我很多零零碎碎的东西，很沉很沉……

采访组：您所在支教地的学生有哪些特点？您在有过支教体验后对经济落后地区的教育有何想法和建议？

张秀丽：当地学生在学习上都挺努力，也很刻苦。有时候，到了晚上12点多我出来溜达，看到教室还亮着光，过去一看，几乎全班都在学习。不过，批改他们的作业也是一件很头疼的事情，那些明明讲过了的题，他们再做还是会做错。渐渐地，我发现他们的数学基础较差，于是我决定从高一的内容开始给他们讲。我也告诉他们，以他们的水平，高考的难题超出了他们的能力范围，不如多下功夫做好基础题，讲题最多也就讲到中等偏难一点的题目，先说服他们接受这一点，再开始制订教学计划，保证他们碰到了会做的基础题全都能做对。

那些学生们对大山外的世界了解很少，几乎没有人给他们讲过外面的世界。我们几个老师偶尔会给他们讲讲。令我印象很深刻的是：有一次，有个女孩儿写了一篇作文，教语文的那个老师拿来给我们看，她写道，在我们给他们讲外面的事情之前她什么都不知道，她的生活过得很安宁，然而知道了外面世界是怎样的之后，她开始感到迷茫：为什么她和别人不一样？为什么她没有那么多的机会？我们四个老师看完那篇作文之后感触很多，心情十分复杂。所以我们在教学的时候，就会非常认真，也想尽力把自己会的都教给他们。

我们是宁夏支教队里唯一负责带高三的，一直等到他们高考完了才离开，他们当中也有好些人考上了大学。我认为老师在学生成长过程中扮演着十分重要的角色。教师的工作是塑造灵魂、塑造生命、塑造人的工作，必须时刻铭记教书育人的使命，努力当好学生的引路人。前阵子，我当年教的学生建了个微信群，大家一起回忆当年的高中生活，支教那年教的学生现在都找到了各自的人生坐标，部分同学事业有成。有个学生高考考进了沈阳体育学院，现在在固原一所中学当体育老师，他对我说："我上学时不认真，但是工作了特努力，这些年我都带出去300多个体育生了，我的弟子现在全国各地都有，北京体育大学、陕西师范大学、华中师范大学、西南大学等都有我教过的学生。感谢张老师当年对我的帮助，那时候您面对一帮调皮捣蛋、学习落后的山里娃，依然孜孜不倦地教我们，真的很感激。当时确实不懂事，时常惹老师生气，现在当了老师才知道您的良苦用心，这几年，宁夏四分之一的体育生是从我们学校考出去的，而且大多数孩子都是家庭贫困的孩子，我也在努力助推教育的精准扶贫，很有成就感。"我看到这些，真的很感动，原来当年自己做的事情这么有意义。

采访组：您觉得支教给您个人带来了哪些收获？比如对于您现在的工作来说，您想成为一名什么样的辅导员？

张秀丽：我觉得要因材施教，尊重学生的个体差异。陶行知先生曾说过这样一句话："培养教育人和种花木一样，首先要认识花木的特点，区分不同情况给以施肥、浇水和培养教育。"每一名学生都是独一无二的个体，都是可塑之才，作为辅导员，我们要善于发现每一位学生身上的闪光点，给予他们更多的信任和激励，让他们的闪光点通过教育引导变得更加璀璨！

采访组：您有什么话想对未来的志愿者说？

张秀丽：还是那句话，用一年不长的时间，做一件终生难忘的事。我觉得在你支教期间，只要能影响一个孩子，那么这次支教也就成功了，因为对这个孩子来说，就是一件受益终身的事情。只要带着热爱与信念前行，就一定会有收获的。

岳莹：一年的支教生涯是我一生的宝贵财富

“虽然我当时觉得不可能通过短暂的一年去改变他们的一生，但我后来才发现这种影响是潜移默化的，可以让他们有勇气继续往下走，走出大山，读到大学。”

岳莹

采访对象：岳莹，1977 年 9 月生，福建厦门人。1996 年毕业于厦门市第一中学，同年就读于厦门大学法律系。2000 年作为厦门大学第二届研究生支教团队员赴宁夏海原县女子中学支教，2004 年获得厦门大学法律硕士学位。2004—2011 年任职于德勤华永会计师事务所。2011—2015 年任职于福伊特集团亚太总部。2015 年至今任职于德威国际教育集团。

采访组：朱怡　廖艺萍

采访日期：2020 年 8 月 21 日

采访方式：线上采访

采访组:岳莹学姐，您好！ 作为厦门大学第二届研究生支教团成员，您去支教的初心是什么?

岳莹:如果时间退回到 20 年前，其实也没有那些高大上的理由，我生在厦门、长在厦门，大学毕业之前都没有真正意义上离开过厦门。 去支教是想给自己一个机会看看外面的世界，同时去做一些对自己和他人都有意义的事情。

采访组:学姐初次到达支教地——宁夏海原时有什么感受呢?

岳莹:非常震撼，跟现在完全不能比，当时条件真的很艰苦。 我记得 8 月中旬我们先在北京集结，在团中央参加完一周的培训后，就坐绿皮火车到银川，再辗转坐公交车到海原。“西海固”包括西吉、海原和固原，是联合国教科文组织认定的不适合人类居住的地方。 我们在去之前一点概念都没有，去了之后才发现那儿真的是黄土高原，一眼望不尽，黄土坡一个接着一个，光秃秃的，没有一点生机，和我们预想中的样子差距非常大。

采访组:您对您支教的学校的第一印象是什么? 对当地学生的整体面貌有什么印象?

岳莹:当时我们厦大的 4 位队员和中国科技大学的 4 位队员到海原支教。 出于安全的考虑，我和中科大支教队唯一的女队员留在了县城的女子中学支教。 海原县女子中学是联合国教科文组织捐赠设立的少数民族女童教育基地，学校的设立初衷就是接纳更多少数民族女童上学。 这是一所初中，但当地能够读到初中的孩子不多，女孩儿就更少。 我们接手的班级是初一，学生年龄跨度很大，班里来自县城的同学通常是 11～12 岁，来自偏远地区的有可能是 13～14 岁。

学校虽然在县城，但是大部分孩子其实是来自周边的乡村。 学校不提供住宿，孩子们要么住在县城的亲戚家，要么就几个人一起租老乡的平房。住宿条件很简陋，木板铺在地上，再放上一点棉絮就是睡觉的地方。 他们每一周只有到了周五才可以回家一次，一般走路回去，家里情况好一点的学生会花几毛钱坐个“蹦蹦车”[①]。周日回县城，他们还要把自己未来一周的口粮——馍馍和一些咸菜，还有换洗的衣服带上。

采访组：支教团到了海原之后，孩子们的反应是什么样的？

岳莹：我们是第一批去海原的支教团，这之前从来没有外面的人来给孩子们当老师，他们觉得新鲜又好奇。刚开始他们有点害怕，会远远躲在角落里很善意地观察我们。他们心地特别善良，不会用高调的方式去表达，而是把你对他的好默默记在心里。有一件事我至今记忆犹新，海原非常缺水，自来水在当时也不普及，当地大部分家庭靠地下水窖蓄水。学校只有一个自来水龙头，而且经常停水。女子中学本身没有住宿场地，学校想方设法把后操场小礼堂旁边的一个不足 10 平方米的小砖房腾出来给我们支教队员做宿舍。我们住在学校里，很多时候都缺水用。孩子们知道了，总是想方法帮我们找水，两三个孩子扛着水桶到家里有水窖的老乡家帮我们抬回一桶桶水。

采访组：您在这一年的支教中主要做了哪些工作？

岳莹：这一年大部分的时间是在教学，我带初一两个班级（5 班和 6 班）的英语课，同时还是一个班的班主任。我们以前并没有教学的经验，在支教前期完全是摸着石头过河。20 年前的海原比较闭塞，孩子们说的是当地的方言，我们说普通话，双方都听不太懂对方在说什么。刚开始会经历一个比较痛苦的磨合阶段，我们也想了很多办法克服交流等方面的障碍。后期，教学工作慢慢上手了，我们会在周末想办法跟学生们回家，去他们家里看一看，做一做家访。平时，我们也会开展一些素质拓展课，向他们介绍外面的世界。

除了教学工作外，我们也做了一些其他尝试来帮助当地。我们这届支

① 蹦蹦车又叫三轮车，也是电动三轮车的别称。

教团是由一个著名的美国科技公司——安捷伦冠名的。当时我们四个人在调研了当地的情况以后，直接给安捷伦公司写了信。安捷伦公司也很重视，他们派志愿者团队来到海原，实地走访了女中，也去了关桥和隆德支教点，并为当地学校捐赠了不少教具教材。那是我们第一次尝试用自己的力量跟社会对接帮助当地。凑巧的是，那一年中央电视台有一个全面展示西部风土人情和发展现状的纪录片——《走进西部》也在宁夏拍摄，这部纪录片里的一个专题就是介绍我们的支教队伍以及我们与安捷伦这次合作活动的。

我们还尽可能把在这个地方了解到的真实情况反馈给外界，为当地的孩子们开辟一些受捐赠的渠道。如果没有记错的话，厦大研究生支教团在当地的第一个对公账号还是我们去开的。当时为了方便募集捐赠，队长和我把海原的银行、信用社都跑了一遍。

采访组:您在支教的过程中遇到过哪些困难？又是如何解决、如何坚持下去的?

岳莹:你们应该很难想象，当时偌大的校园只有我们两个女生住在小屋里，学校的围墙是土墙，很矮，外人都可以翻进来。校园里也没有路灯，我们的宿舍门曾经两次在夜里被人撬过。我们整个晚上不敢睡，两个人就死死地拿着桌子顶着门。

海原的冬天来得特别早，10 月份就进入了冬天，我们只能用最原始的土煤炉烧火取暖。烧炉子的第一周，因为怕煤气中毒，我们基本上整夜都不敢睡，会睡一会儿，然后叫一下对方，看对方是不是还醒着。

物资也相当匮乏。学校没有食堂，我们下课了要找时间做午饭，很多时候只能买个馍馍垫肚子。我们几乎一整个冬天都是吃土豆。那里的天气太冷，没有绿色蔬菜，特别冷时，我们买的土豆、白菜全部被冻成了冰块。

20 年前的海原，电视、广播信号都很差，也没有手机，更没有网络。我们与外界的联系只能靠写信，还有到邮局打长途电话。考虑到我们的安全，县团委帮我们争取到每个礼拜有一个晚上去校长办公室等着家里电话的机会。有一次夜里，我突发肠梗阻，叫不到人也没有电话，最后实在是没有办法，才用了校长办公室的备用钥匙打了县团委的电话。县团委一位老师在凌晨赶了过来，开着他的小摩托车把我送到医院急诊。当时在医院也是花了很多时间才找到当班医生，最后算是有惊无险吧。

在支教的一年中遇到的困难很多，但比起从中收获的东西，这些苦都是值得的。

我想能让我坚持下去的信念应该是：选择做的事情就一定要做好，不能半途而废。既然来了，而且也决定要接受这一年的挑战，那就应该坚持下去，做些有意义的事情。

采访组：在一年的支教经历中，让您记忆最深刻的事情是什么？

岳莹：一年的回忆有很多，但最深刻的却不在那时，而是前两年，当时正在支教的第十九届的学弟学妹们在海原县城认识了一个面包房的老板，闲聊之中发现老板竟然是当年我教过的学生。他们让老板召集了当年我教过的、现在还留在县城的几个孩子，做了一个访谈，并把访谈的视频分享给了我。我看了之后很受触动，因为在视频中，当年的学生被问到对支教老师的印象时说道，老师非常温柔有耐心，从不打他们、骂他们，而且教给他们很多新鲜的知识。他们还希望自己的孩子也能够再接受厦大支教团老师的教育。他们觉得我们给他们打开了一扇窗，可以看到外面是什么样子。我相信我们的经历也是一种最生动的案例，告诉当地的孩子，特别是女孩子，让他们知道，女孩子读书是有希望、有前途的。虽然我当时觉得不可能通过短暂的一年去改变他们的一生，但我后来才发现这种影响是潜移默化的，可以让他们有勇气继续往下走，走出大山，读到大学。

采访组：这段支教经历对您产生了哪些影响？

岳莹：我从孩子们身上学会了坚韧，虽然条件很差，但他们还是依然乐观地生活着。比起他们，我觉得我们拥有的太多，已经很幸福了。我们应该惜福，不要轻易地抱怨，要有足够的勇气和信心去面对生活中所有的困难。

我生在厦门、长在厦门，如果没有这一年支教经历，我可能一辈子都会待在厦门。这一年的经历让我觉得我可以走出去，去看更广阔的天地，接受更强的挑战。硕士毕业后，我去过北京、上海，一个人在陌生的城市里打拼。那一年支教生活的历练，让我可以有勇气去挑战自己。这是这段经历对我最大的影响。

采访组：我们了解到近几年您还经常往支教地捐赠善款和物资。距离您支教已经过去了20年，是什么原因让您依旧牵挂着海原和支教团，并且联系支教团对海原进行援助的呢？

岳莹：我觉得自己是这段经历中最大的受益者。无论何时何地，我内心深处总有这么一段记忆，我也一直在关注着海原。我们的队员曾经回去过，还拍了一些照片给我，我能感受到海原20年来的发展，也知道还有一些家庭的情况不是很好，所以只要他们有需要，我就会尽量去帮忙。对我来说，厦门大学研究生支教团就像我的娘家，有这么好的一个平台，我为什么不借助它为当地做一点事情呢？也许我们所做的很微小，但是任何事情不尝试，你怎么知道不可以？

对海原进行物资捐赠的活动是与厦大第二十一届研究生支教团合作的。这个公益活动最早是我和朋友一起组织的，活动的内容是为贫困地区孩子准备助学礼。3年多的时间里，我们先后捐助过西藏、辽宁、新疆的贫困地区。我们将这个活动取名叫“泉水叮咚”，就是希望我们的善行能如涓涓细流最终能汇成江河。2020年筹备当年助学礼时，我和厦大第二十一届研究生支教团的同学联系上了。海原对我来说具有特殊的意义，我想正好可以趁这个机会再为当地做点小事情。真的很感谢厦门大学研究生支教团给我们提供的机会，让我们能够把自己微薄的力量贡献给当地。

采访组：可以谈谈您对这些年研究生支教团发展的看法以及期待吗？

岳莹：我钦佩所有愿意投入一年的时间参加研究生支教团的学弟学妹们，是你们让我感觉到我当年的举动并不孤单。支教团20多年的发展让我很欣慰，我们的接力棒一直在往下传。一年的时间，不长不短，做一件对自己、对别人都有意义的事情，真的很好！我们这么多届支教团的同学已经把这一点传承得很好了。

未来，我希望大家可以继续把这个接力棒好好地传下去。虽然物质上的捐助很重要，但是我们是支教团，我们要先把自己的首要任务——教育教学工作做好，用我们所学的知识去帮助当地的孩子。我始终认为，物资和钱总有花尽的那一天，但精神的东西可以永远存在于孩子们的内心当中。

胡美玉：短短一年的支教生活，长长一生的精神风标

“支教就是一个经历，认定的事我就坚持，就大胆地去做。”不管是鼓浪声中的温润少女，还是塞上伏案的益友良师，抑或是重返厦园拜访故师的谦谦学子，她始终将“真性情”写在自己的人生信条上。

胡美玉

采访对象：胡美玉，1978 年 10 月生，黑龙江鹤岗市人。 1997—2001 年就读于厦门大学旅游管理专业。 2001 年，胡美玉加入厦门大学第三届研究生支教团赴宁夏海原开展支教活动。 2010 年 7 月创办厦门久圣包装有限公司，任总经理。 历经 10 年沉淀，企业持续稳健经营。 2020 年加盟福建德龙航空科技股份有限公司。

采访组：田飞　谢伊辛　李俊一

采访日期：2020 年 8 月 14 日

采访地点：厦门大学联兴楼中厅

采访组：学姐，您好！当年毕业之际，有许多企业都向您抛出橄榄枝，请问您为何坚持选择去支教？

胡美玉：主要有两方面的原因，一是因为以前我们专业是没有研究生的，隔一年才会设立硕士学位点，所以我就想着在这一年做点有意义的事情，支教就是一个很好的选择。第二个原因就是我的性格：我个人喜欢挑战、尝试新鲜事物。对我而言，支教就是一个经历，认定了我就坚持，就要大胆地去做！

采访组：在支教过程中，您有没有遇到心理或生理上的困难？您是如何克服的？

胡美玉：支教地的发展情况比厦门落后至少十几年，当地老百姓靠天吃饭、信息闭塞，思想也非常保守。偏远的环境、干旱的气候以及陌生的宗教文化都给我们带来不小的挑战。

当年，我们为了跟家人、朋友还有学校的同学联系，每周六、周日会选个时间，跟大家约好到网吧去上QQ，一两块钱一小时。我们每次都会跟同学或者老师、家人约好几点钟聊天，尽量地节省时间和金钱。出门全部都是人力车，一个人在前面骑，上面搭一个棚，后面有两个座位，既费力又不方便。支教团出发前，我们集中到北京参加了一系列的培训，内容包括一些急救常识和宗教信仰的情况介绍等。因为宁夏海原是回族聚居区，我们得先尊重当地人的宗教信仰、生活习惯。比如在当地的传统节日，别人很热情地送来你吃不惯的东西，你也要礼貌地接受并表示赞美。

当时我们队里的男生去的是条件更艰苦的乡村中学。他们会把刷牙洗脸的水，留下来洗脚、洗抹布，然后再用洗脚、洗抹布的水去浇花浇菜。在极度缺水的状态下，洗澡就是一种奢望。这就是后来我们一直在宣传“母亲水窖”（中国妇女发展基金会实施的一项慈善集中供水工程）的原因，水在当地真的是生命之源的存在。

采访组:在支教的过程中，母校厦门大学为你们提供了怎样的帮助?

胡美玉:厦门大学每个月都会给我们提供500元生活费，临冬的时候，因为那边比较冷，学校为我们准备了冬装费。为了提高支教地的现代信息技术水平，在向学校申请之后，厦门大学为关桥中学和海原女子中学捐赠了近10台电脑，大大便捷了和外界的联络，让关桥中学真正能“开关搭桥，走向世界”。同时，我们也开设了新的教学课程：微机课——教授当地老师和孩子们计算机的相关技能。

另一方面就是学校在推进支教上有着较好的工作规划——如何稳步地开展教学工作、如何与当地政府对接联络，这些都为我们的工作指明了方向。

采访组:您在当地教学的过程中遇到哪些困难? 请分享一下您的教学经历。

胡美玉:首先是语言方面的障碍。学生们还好，虽然有些许口音，但沟通完全没问题。我们当时鼓励孩子们讲普通话，其实也是在鼓励他们未来一定要走出去。工作也好，学习交流也好，普通话是沟通的桥梁。我们到了农村家庭，年长者讲话是听不懂的，我们队的男生也是吃了不少苦头，才慢慢摸索出和他们交流的方式。

其次就是身份的转变，因为我们都是第一次从学生转变为老师，很多方面都还不适应。但我们毕竟都有过长期的学习经历，有无数老师教过我们。我们回想过去老师的教学方法，调整后实施到教学过程中。我们当时教的是初一的孩子，因为我们的教学理念更为新颖，并且也不局限于书本上的知识，因此孩子们非常喜欢我们。

其实在教学这方面，当地的老师是“实战派”的，他们懂得怎样教才能让孩子们听得懂、学得快。但是从创新的角度，我们支教团的老师会更胜一筹。比如利用学校捐赠的电脑开展计算机教学，举办大型的联欢晚会，布置场景、调动气氛之类的。

当时我们和中科大的队员每周六、周日都会聚在一起交流教学经验，我们发现：只是做见习老师并不是支教的意义所在，学校派我们来支教，不单是要求我们要做出教学成绩，更是到基层磨砺，弘扬青春奉献的精神。所以当时我们就想，如何更好地发挥自身的优势为当地教育事业做贡献。我们队长当时鞋都走破了，真的是深入到最穷苦的地方去采访、了解情况。当时有一个队员为海原县政府免费做了第一个门户网站，并且在支教期间一直负责维护，这在整个西海固地区都是轰动的。当时厦大给我们每个月500元的生活费，因为我们在当地开销不大，基本用不到钱，所以大多都资助给学生了。后来发现我们几个队员的捐赠简直是杯水车薪，覆盖面太小、作用有限，不能让整个学校的孩子都享受到福利，因此我们也筹划着面向社会募集爱心助学基金。

采访组：您刚才有提到为孩子们募集爱心助学基金，可以分享一下具体的故事吗？

胡美玉：当地人的观念比较保守，而且他们也非常缺少对外联络的门路。当时我们在学校里面接触的企业很少，只能通过写信这种最原始的方式向外求助。当时不知道给谁写信，就上网吧里在网上搜索福建的大企业。最后我给华视眼镜、南孚电池写信，大概的内容就是："我们是厦门大学研究生支教团的成员，来宁夏海原支教……"信发往南平，没想到南孚公司有回应了，并询问了有关支教和赞助的一些事项。

南孚公司在向厦门大学了解情况后，为我们女子中学捐了1万元人民币作为奖学金。然后当天我们就在商讨建立奖学金体系，设置几个等级，每个等级奖金多少等。后来就由我来牵头，联系闽南地区的知名企业，用拉赞助的方式让双方建立联系，共同助力支教扶贫。

采访组：短短一年的支教经历为您后来的学习和工作留下了怎样宝贵的财富？

胡美玉：首先是集体荣誉感。在集体荣誉感的感召下，我们会选择去支教，去奉献。我会觉得我做的是一件有意义的事，一件值得为之付出时间和精力的事。其实这种集体荣誉感到哪里都是一笔宝贵的财富，因为目前的社会是一个倡导团队协作、共享共建的大集体。不管是步入社会、组建家庭，还是组织一些社区活动，只有看重集体荣誉感的人才能更好地实现自身的人生价值。

其次就是与厦大密切的联系。我们代表厦大出去做了一年的支教，学校也一直记挂着我们这支队伍，也经常联系、关心我们。后面去支教的学弟学妹也偶尔会找到我，很亲切！

厦大培养出这么多优秀的毕业生，很多人回来看望母校、看望老师，回忆自己当年的时光，这就是一条无形的纽带。我现在时常带我的孩子去海原看看，不仅是饱览祖国西部的风光，更是让孩子接受教育。如果说现在有几个当年的队员到厦门来，我肯定会热情地招待他们，这种感觉像是战友，支教这条纽带把我们紧紧联系在一起。

采访组：对于接下来要去支教的学弟学妹们，您作为前辈有没有什么寄语要分享给他们的？

胡美玉：每年全国各大高校参与支教的学生队伍走出去都是代表各自的大学，会有一个你追我赶的、不甘落后的竞争意识。要时刻记住，我们所有的言行，所有的工作成绩，都是代表厦大的。这样才能够对得起当地人的尊重，才能承担得起支教背后更深刻的意义。

其次，我觉得还要虚心地向上届学长学姐询问经验，这样到了那里才不至于手忙脚乱，才能够更好更快地融入当地百姓的生活，并且做到交接和传承。

最后，要提前做好工作规划，明确两地资源优势。我相信随着社会的变化、经济的发展，整个扶贫支教的意义也会发生新的变化。我们早年去可能更多地要克服思想意识和生活环境上的困难，但随着生活条件的改善，再去支教要更多地因地制宜、一地一策、务实创新。甚至到最后已经不是扶贫，而是“共建”。比如说厦门缺劳动力，海原缺就业机会和产业扶持，那么我们就要想到，可以把厦门的一些企业灵活地对接过去。以我们厦门大学为强有力的后盾，站在更高的角度把厦门和西部地区的共建做起来！

林浩：在奉献中诠释青春芳华

回想这一年的支教工作，收获颇丰，感触颇多。他庆幸自己当初的选择，也庆幸自己有了这样的一次经历。支教是他一生无悔的选择，是他一辈子的骄傲。虽然为期一年的支教工作已经结束，但他会把志愿者的奉献精神带到他今后的工作和学习中，为祖国的建设事业奉献终生。

林浩

采访对象：林浩，1978年3月生，福建连江人。曾就读于厦门大学经济学院，厦门大学第四届研究生支教团队长，2002—2003年前往宁夏海原县关桥中学开展支教工作，现为蓝城日昇建设管理公司副总经理。

采访组：郑沛晰　林衍含　谢婧雯

采访日期：2020年8月22日

采访方式：线上采访

采访组：学长，您好！ 请问您当时是如何成为支教团的一员的？

林浩：其实当时由于网络不发达，学校关于支教团的宣传没有现在广，但我看到过一些有关西部支教的报道，对西部的生活和发展比较感兴趣，后来听说有研究生支教团这个项目，我就想报名。 选择去支教可以说有两个原因，一是我本身希望参与这样的公益事业，二是比较向往西部。

采访组：您是第四届宁夏支教队队长。 作为队长，您都做了怎样的工作？

林浩：当时厦大研究生支教团的支教地有两个地方：一个是西藏，另一个是宁夏。 支教团的主力是在宁夏，我们这一届安排我来当宁夏支教队的队长。 队长核心的工作主要有三个：一是和政府进行对接，包括宁夏银川和宁夏海原的当地政府；二是和当地学校对接，包括厦大和我们其他队员所在的当地学校；三是队员间的互动。 跟学校的对接，和团队成员的对接，大部分是没什么困难的，曾担任学生会干部的经历让我可以很好地在学校平衡老师和学生两种角色，但跟政府协调这方面还是有一些挑战。 我们到当地任教的时候要代表当地学校，甚至是当地学生的一些想法。

采访组：您去宁夏海原的时候，能适应那边的环境吗？

林浩：我们当时在那边的生活条件其实算是比较恶劣的，第一是饮用水的问题，宁夏那边的水碱性特别大，我们喝了会拉肚子，但依据我们当时的情况，是无法改善饮水条件的，连矿泉水都不一定买得到。 第二是饮食，当地都是少数民族，我们要去适应人家的饮食习惯、饮食文化。 当地的卫生条件也不甚理想，可以说各种艰难的状态都体验过了。 在体验过这么艰难的条件之后，我面对工作上的困难就很淡然了。 如果说和想象中有什么差距的话，其实还好，因为去之前有过心理准备了，基本就是一个逐渐适应的过程。 而且那里的人很质朴，当我们渐渐投身到这项事业中的时候，其实也不会在乎周围的环境了。

采访组：您在支教过程中有过什么样的困难吗？

林浩：教学上最大的障碍其实是语言，因为我们是南方口音，还是需要和孩子们磨合一下。每天除了要准备教案、一些复习的工作，还要积极寻求外面的资助，对外做好宣传，相较之下教学上花费的时间精力会更少一点。当时那里的教育情况其实不太理想，很多孩子的父母不愿意送他们来学习，家庭条件还是比较贫困。因此我们要做两方面的工作：一方面我们主要发动周边的资源，也包括到外面去宣传，让大家知道这里的现状。例如当时我们专门从宁夏坐大巴车到西安，坐了一天的车。前后花了将近两天，占用了比较多的时间。另一方面就是要去家访。我们利用周末的时间，走路或者骑自行车到学生的家里去。很多村子里是没有公路的，必须靠走路，学生也是这样来上学的。一个班级有四五十人，大部分我们都去家访过，一般去一户人家就要一两个小时。

采访组：关于支教期间的工作，请问您有什么特别想分享的吗？

林浩：当时我的主要工作有教授计算机课，帮助组建关桥中学的计算机教学和培训专用的微机室，日常的备课授课、家访工作，帮助制作一个公益网站等。

林浩在批改学生的作业

我现在仍印象深刻的一件事是家访，家访其实是很重要的，因为我发现我们能带过去的最重要的就是思想观念了。当时根本没有现在这样的互联网信息传播速度，那些大山里的孩子在那之前没有机会走出去，根本不了解新鲜的资讯。当时去家访，跟学生也好、家长也好，去和他们沟通交流主要是想让他们知道外面的世界有很多可能。我一直都有资助小孩，现在也还在资助。大概是五年前，我有再回到我原来的学校去看当地的老师和学生，很多学生我当年都有和他们互动过，可以说我是见证了他们整个的成长变化。我觉得思想的转变是对他们比较有意义的一个方面。

我记得当年我带领队员获得了安捷伦公司的资助。因为2003年的时候电脑还很少，大部分的老师都没有电脑，整个学校就只有一两台。安捷伦是一家IT公司，这个公司给学校资助了我们教学用的电脑，还在学校建了一个计算机教室。后来，我们能保证老师人手一台电脑，三个学校分别组了三个电脑培训教室。我们在的时候应用还是很好的。但我听说我们走后便不再推广应用了。我认为学生能够有机会去接触新鲜的、比较前沿的东西和信息，这个事情还是比较重要的。我记得当时有团中央的领导曾前去视察我们的工作，我们也花了很多时间和力气去把这件事做大、做好。

学生在计算机教室上微机课

还有一项比较重要的工作就是资助。当时我们募集到不少物资，第一批的物资是校团委的老师以及市里老师捐赠的一些衣服。其实，当时在物资发放上也存在几个问题，一是物资没有办法第一时间送给学生，二是衣物的实用性问题。比如说捐赠的女性服装有裙子，但由于当地的女性思想比较传统，所以学校和我们都花了很大的力气试图改变她们的观念，但结果依然不是很理想。通过这件事也让我对于公益本身有了新的认知和理解，那就是做公益这件事是需要专业性的，这给我带来一些反思。

采访组：支教期间有什么难忘的经历吗？

林浩：我记得有一个学生家里条件特别差，他们家基本上一年大概只有两到三次的机会能吃到荤食，当时到那个学生家去家访的时候，他们家特地杀了一只鸡，热情招待了我们，我特别感动。其实，当地有很多学生的家里没办法送孩子去读书。他们上学是不需要学费的，只需要交一些学杂费，一共百来块钱，尽管如此，他们还是凑不齐，这对有些家庭来说甚至还会抵掉家里一年的收入。所以很多孩子，尤其是女孩子，她们的父母都不考虑让她们去上学，还会有比较传统的思想，所以我们当时在选择资助对象时也是优先考虑女孩子。

采访组：请问您有没有印象深刻的学生？你们支教后，学生有哪些变化吗？

林浩：我印象深刻的学生很多，好几个学生直到现在都还保持联系，有的也回到宁夏当老师了，也在关桥中学当老师。那时候互联网不那么发达，通信比较闭塞，我们让他们接触到外面很多新鲜的事情，让他们对外面充满了憧憬和向往，这是一件蛮好的事情。比如说电脑，他们没接触过，有机会接触电脑对他们来说是好事，可以开拓视野。还有我记得我们当时组织了一个作文大赛，学生有机会去接触到新的学习模式，有机会上台去表达，我们看到他们上台的时候心里还是很惊喜的。我个人觉得这些影响是潜移默化的。

支教团在关桥中学开展“故事大王”演讲赛和主持人比赛

采访组：您认为开展支教活动的意义是什么？ 是否会对当地的教育方式和孩子的未来发展产生影响？

林浩：我觉得支教的意义还是蛮大的。 首先从西部的角度看，它不像现在这样，当时西部缺老师，也缺钱、缺资源、缺新鲜的资讯。 我记得当时有一个大型的全国电脑捐赠活动，就是以我们支教的关桥中学作为一个试点。 这在当时新闻联播都有报道的。

那时大家对公益的认知和理解是很浅显的。 所以支教对当地的教育、对孩子未来的发展，包括对整个社会扶贫意识的提高都有很大的意义，因为当时除了新闻联播以外，还有很多报道去宣传支教这件事情，所以支教对整个社会潜移默化的影响还是很大的。

我觉得我们支教团为当地教学方面带去的主要是新鲜的资讯、教学工具和先进的教学思想，就是对他们而言新鲜一点的东西，因为我们当时也是刚毕业的大学生，或许在教学经验上不如老教师们，但我个人认为新鲜的教学

理念是最重要的。

采访组：支教工作给您带来了怎样的提升呢？ 对您现在的工作或是生活有哪些方面的影响？

林浩：支教给我的帮助其实很大，让我的能力得到锻炼，也给我带来多维度的思考视角。 当地政府、学校、学生、同事，不同的角色有不同的需求，就会引发我的多维度的思考：角色状态不一样，我自然就不会把自己当作一个纯粹的学生，这样你才能知道社会需要什么。 社会上的需求是多元化的。 支教的过程本身就是踏入社会的一种形式，这其实就是一种工作。但是回过头来，我自己本身还是个学生，还是要回归学校，这样支教就相当于是给了我们一个别样的“社会实践”，让我回到学校后更加珍惜求学的时光，更加努力学习、充电，做一个对社会有用的人。

支教的整个过程也是非常有趣的，这也坚定了我未来职业发展的方向。因为在支教的整个过程中，我发现了价值创造的真正源泉。 因为我一直在思考一个问题，就是为什么那边的人，家庭也好、个人也好，会比较贫困。所以我认为未来，如果有可能的话，还是要进入市场去继续发展、继续探索，而这就坚定了我去企业发展的想法。

还有，支教提升了我的人际交往和口头表达能力。 因为当时支教不仅需要讲课，还要跟当地的政府汇报工作，去作公开演讲，这让我在表达能力方面有很大的进步。 同时，这次的支教让我知道了最艰苦的地方是什么状态，我会更珍惜当下。 看到不同价值取向之后，我自己的人生观也受到了一定的影响，我在职场上也会对自己的工作需要有一个更清晰的认识。

陈敬德：把青春播撒在祖国最需要的地方

“我原本以为，对于那些不谙世事的孩子来说，我的到来只不过是一枕黄粱。但是当我看到《这条小鱼在乎》的时候，我转变了想法，我发觉事情似乎没有之前想的那么悲观，因为只要尽己所能、用心关怀，每一个受到帮助的孩子都能感知到这份情谊，而这种温情也将汇聚成他们前行的动力。”

陈敬德

采访对象：陈敬德，1981 年 7 月生，福建福州人。曾就读于厦门大学公共事务学院，厦门大学第五届研究生支教团队长，于 2003 年 8 月至 2004 年 7 月在宁夏海原县关桥中学任教一年，在校期间曾获评“全国优秀学生干部标兵”。现为福建省直机关处长。

采访组：林励书　叶思圆　吴思扬

采访日期：2020 年 8 月 14 日

采访地点：福建省工交大院

采访组:陈敬德学长,非常感谢您在百忙之中抽出时间接受我们的采访。您作为厦门大学第五届研究生支教团队长于2003年赴宁夏支教,时光荏苒,这段经历距离现在也有10余年了。您还能回忆起你们支教所在地的环境吗?当时您第一次去那里的感受是怎么样的?

陈敬德:我对当时的印象非常深刻,不论是第一天到达时巧遇的微风细雨,还是自己的穿着,一切都历历在目。因为早已做好了吃苦的准备,所以学校简陋的住宿条件、朴素的伙食等都完全不是问题。一时稍微适应不了的就是农村的旱厕,上厕所最难受的时候是下雪的大冬天。海原县的交通状况比较简陋,通往乡村的要么是超载的小面包车,要么是淘汰的印有西安旅游标志的小巴车,但这些都不算困难,后来去学生家里家访的时候,村庄里往往无法找到方位,也没有门牌号,必须靠提前来接我的学生带路,挨家挨户地寻找。而最困难的学生家往往位于远离公路的偏僻角落,我很遗憾,直到我支教结束还有很多这样的学生家,我并没有到过。在后续开展工作时我也愈发感受到海原县落后的交通条件和语言沟通不畅所带来的困扰。恶劣的外部环境给我带来了极大的震撼,我也下定决心,一定要把知识带给山里的这些孩子,打开他们的视野,照亮他们的世界。

采访组:可否与我们分享一下,当年是什么原因让您决定从东南沿海的花园学府来到祖国西北,用一年的时间陪伴这里的孩子,进行支教呢?

陈敬德:情怀一定是有的,但也有年轻人的一份好奇心,我之前一直没有离开过福建,对大西北很憧憬,我的父母和爱人(当时我和她还在大学里谈恋爱)也都非常支持我,为我愿意到祖国西部地区贡献力量而感到骄傲。当从海原县归来后,我就打心眼里把她当作我的第二故乡。对于普通人来说,海原县乃至宁夏只不过是地图上的一个名词,但是对我来说,它代表的是那些孩子们的笑靥。我坚信一件事,种在我们心里的那一颗名为“理念”的种子,往往最终能结出甘美的果实。信爱守爱,求仁得仁。我愿意把我的青春播撒在祖国最需要的地方,改变那些孩子的命运。

采访组：从象牙塔的学生到讲台前的老师，这是一个相当大的转变，您在出发之前的内心感受如何呢？ 又为这一次的支教做了哪些特殊的准备？

陈敬德：我们毕竟不是师范专业的学生，所以对我们来说这其实是一个很大的转变，出发前在阅读相关书籍的同时，我和我的支教伙伴也一同前往厦门一中等重点中学学习教学方法，力图能多掌握教学规律，激发孩子们对学习的兴趣。 到了当地，我也根据山区学生的情况制订合理的支教教学计划，承担了历史课的教学，并且把没有老师上的音乐课，变成了与同学们欢聚唱歌的课堂。 出发前心情特别激动，还带了好多书，包括自己的专业书，因为知道在那个地方，是不会有学术书籍可以买的，当年可没有当当、淘宝呀！

采访组：现在距离您支教已经过去很长一段时间了，当您回顾一年支教时光，您最牵挂的、最难忘的是什么呢？

陈敬德：我最牵挂的就是我的学生的发展。 艾米莉·狄金森的一句话让我难以忘怀："我本可以忍受黑暗，如果我不曾见过太阳。"我曾经担心，我们给孩子打开了一扇窗，他们却无法走出贫穷落后。 但后来我发现他们其实都依靠自身的努力过上了不错的生活，我现在依然和班里许多同学保持着联系，他们有的在银川有了自己的房子，有的走出了宁夏到了其他地区。其中有一个学生叫马小林（化名），他最令我印象深刻，他考上了厦大管理学院，却在中途毅然退学，转向了心理咨询教学培训行业，他的果决与勇气令我佩服。 我不知道支教团在其中起到了多大的作用，但是能够见证他们走出大山，我感到非常荣幸和感动。

当然我也牵挂着关桥中学的发展。 关桥中学教学质量的提升归功于那些长期扎根海原的老师，是他们的奉献和牺牲在改变那些学生，帮助他们成长。 我们无非是带给学生们更多的想法和憧憬，给予他们更多的动力。 那些老师和孩子守望相助，相互支持，让我难以忘怀。

采访组:我们了解到，在海原支教期间您拍摄了不少照片，摄影在您的支教活动中发挥了什么作用呢？ 您可以谈谈其中让您印象最深刻的一张或者几张照片以及照片背后的故事吗？

陈敬德:在支教之前我对摄影是完全陌生的，当时是因为要去支教，才萌生了用相机来记录的念头，因为我相信记录历史、记录生活，相机是比文字更真实、更富有第一眼感染力的存在。 为此我从相机的说明书开始看起，借遍了厦大图书馆所有和摄影有关的图书，一点一滴地积累学习，甚至还自学冲洗黑白胶卷，因为当时觉得黑白照片便宜啊。 后来那些获得了大家好评的照片，其实就是记录日常里一些最真实的东西，而这些往往就是最美的风景。

有些照片是在平日拍摄的。 记得有一天放学，我带着学生们去河边玩耍，正巧有许多野鸽子，我架好相机，悄悄跟学生们喊：“扔！”他们扔石头激起河边的鸟时，我按下快门，飞翔的鸟儿，似乎就是我眼里的他们，希望他们一样能展翅高飞。 现在摄影越来越没有门槛了，“最好的相机，不是最贵的那台，不是性能最好的那台，而是随时在你手中的那台”，我拍过最经典的，也是最让我感动的照片《烛光里的希望》，就是用队友李海波的那台

烛光里的希望

富士 F401 小数码相机拍的。那时候大概是十月份，我们遇到学校停电，学生们点着蜡烛上晚自习，刚好那台小数码相机就带在身边。因为是第一次见到这种烛光满屋的场景，刚好讲台前的四个学生都看向我，我觉得这个画面很好，就掏出相机记录下了那一刻。这张照片大概是我在一年支教中最怀念的，因为那一刻的场景是我亲身经历的，画面中又都是我的学生。

采访组：我们知道在第五届支教团支教活动期间，厦门大学首次举办了一场大型支教图片展“远方”，您也提供了相当数量的摄影作品，您个人也在网络论坛上发表了很多摄影图片，您当时的想法是什么？这些活动的举办对于后续支教工作有什么样的影响？

陈敬德：我很感谢同学们的帮助。当时有一个美术系的同学，我之前不认识，是同学介绍的，现在连名字都想不起来了，听说很厉害，当时刚刚获得了一个设计比赛的大奖，获得了 1 万块奖金。我就冒昧地拜托他来帮忙做图片展的海报，包括“远方”一系列的照片都是他设计排版的，他很仗义，都是无偿做的。还有一个美术系的同学朱良才，第二学期去支教前，把他那台比我更好的相机借给我。当年的同学情谊对我来说弥足珍贵，从某种程度上也推动了“远方”图片展的举办，我很想念他们。

图片展在校内举办的时候，效果还是比较好的。那些照片还被许多画册、报道和网络论坛使用过，对宣传厦大支教团起到了很大的作用。毕业之后，我把支教拍的照片都拷到校团委的电脑里，并且特意留了个文本文档，说明允许这些照片今后可以在任何公益用途上使用而无须经过我同意。直到多年后，还有朋友打电话告诉我，他在广州一个餐馆的墙上看到了我那张烛光中的照片。

采访组：支教活动对当地孩子有什么影响呢？我们知道厦大支教团流传着《这条小鱼在乎》的故事，您觉得支教对于那些孩子意味着什么？

陈敬德：我打个比方，我们小时候看过很多港台影视，其实那里面出现的写字楼、二手车、立交桥、单行道、股权收购等，小时候看了这些是没有印象的，因为它们离我的生活太过遥远。因为地区发展的差异，我们的生活对于当时海原的孩子而言，就好比电影里的生活一样，因此我们的到来带给他们更多的是一种真实感、一种不一样的生活，让他们认识到原来故事里说的是真实存在的。

在教学方面，一开始我们觉得教数理化这些主科相较于其他学科更加重要，但事实并非如此。实际上，当地的学校里有老师教数理化，而且教学效果比我们这些大学刚毕业的学生还更好，但是音乐、体育、美术这些学科是没有老师教的。我给他们上音乐课，也算是填补了他们课表上的空缺，为他们带来更充实多样的课程。

《这条小鱼在乎》是我在西安转车时，在街头买的一本寓言书里的故事。故事很短，只占了一页纸，但深深打动了我。我原本以为，对于那些不谙世事的孩子来说，我的到来只不过是一枕黄粱。但当我看到《这条小鱼在乎》的时候，我转变了想法，我发觉事情似乎没有之前想的这么悲观，因为只要尽己所能、用心关怀，每一个受到帮助的孩子都能感知到这份情谊，而这些温情也将汇聚成他们不断前行的动力。

采访组：研究生毕业后您在政府机关供职，一年的支教岁月，对于您后来的学习、工作和日常生活有哪些影响？

陈敬德：坦白说，我并不知道有些事情对我们产生的潜移默化的影响究竟会带来怎样的收获，包括支教在内。但人总是在改变的，每一天都在改变，这种改变不断积累，最终就凝结成了宝贵的经验。所以我希望有更多的厦大学子来到宁夏，因为这种接触、这种变化的发生，就像在今天种下了一粒种子，终有一日会生根发芽，带来难得的、意想不到的收获。

虽然我毕业之后只去过宁夏一次，但在宁夏的那段时光深深铭刻在我的心里，因此我常常记挂着那里的事情。在政府机关工作之后，无论是在工作中还是生活中，但凡听到关于宁夏、关于海原的事情，包括闽宁协作、打造电竞之都银川等，我都会情不自禁地想去了解，就像我自己的事情一样。

遗憾的是，那次出差去宁夏没有机会再到海原。但我有向当地了解过，听说后来新县城建设起来了，很多人搬迁出来，居住环境也更加整洁了，我非常感慨和欣喜。

采访组：最后，厦门大学研究生支教团已经走过了 22 年，未来还会继续走下去，对于支教、对于那些支教队员，您是不是也有些话想对他们说？

陈敬德：我希望能有越来越多的机会，让更多的有投身支教事业意愿的同学参与到研究生支教团的工作中，经历一场心灵的洗礼，将支教精神传承下去。不同的人能为当地孩子带来不同的视野，因此我希望今后研究生支教团能够向更加高素质、多元化的方向发展，例如鼓励博士生参与支教等，提高支教工作的质量和丰富性，让一代代厦大人传承厦门大学“四种精神”，肩负建设西部的重任，不断为西部教育和扶贫事业贡献厦大力量。

裘萍：没有去过西部不足以读懂中国

“第一个关键词是悲天悯人；另一个关键词就是家国情怀。没有去过西部不足以读懂中国，年轻人要心怀高远，更要脚踏实地。身处一个瞬息万变的时代，我们要用善意的眼光、平和的心态、科学理性的专业智慧去面对困难、解决问题。中国的质量和分量就在我们每一个人的手上。”

裘萍

采访对象：裘萍，1981 年 10 月生，天津人。2000—2004 年就读于厦门大学新闻传播学院。2004 年加入厦门大学第六届研究生支教团，赴宁夏回族自治区海原县关桥中学支教一年。曾任《南方都市报》首席记者，现任《南方都市报》采访中心执行主任，南都传媒主持人，南方报业传媒集团“南方名记”首批培育对象。

采访组：潘俊瑭　王雨彤　宁一奇

采访日期：2020 年 8 月 24 日

采访地点：广州市南方传媒大厦

采访组：您当年放弃了北京的工作和厦门优越的生活学习环境，选择了支教，还主动要求到条件更艰苦的乡下，请问是什么让您在当年做出这样的选择?

裘萍：我读大二的时候，曾经作为学生记者跟随厦门大学博士团去宁夏海原进行暑期社会实践，半个多月的体验让我对当地有了一定的感性认识，当时我很感动，也很受震撼。 做决定的时候，我在心里衡量过，那应该是我能接受的艰苦条件。 当然，后来真的去了觉得还是非常理想主义的；此外，我是新闻系的学生，很早就把当记者作为自己的人生志向。 职业属性决定了我对未知充满探究的好奇和冲动。 想要读懂中国，必须了解多层次的、不同发展阶段的现实。 支教对于我们“80 后”这一代人，会是非常独特的人生经历。当学校告诉我有资格去申请支教的时候，我几乎当天就做出了决定。

等到了海原县，当地政府为了照顾女生，把支教团里仅有的两位女生分在县城条件稍好的学校。 但是我跟队长陈晓兰主动请缨去乡里的中学。 当时的想法非常朴素：来都来了，那就到最艰苦的地方去，到最需要我们的地方去。

厦门大学第六届研究生支教队全体队员出征前合影

采访组:当您的朋友和父母知道您要去支教的决定，他们是什么反应?

裘萍:有的朋友觉得挺酷的，有的觉得挺傻的。最难过的是父母那一关。我把北京的工作交接好，回学校把支教流程完成得差不多了以后，才告知父母我选择了支教这件事。开始他们确实不理解，但我那时已经从北京跑回厦门了，多亏我们家很民主，我那句“想趁着年轻做些不一样的事情”，打动了父母，最后他们也支持了我的决定。

去了两个月，我父亲有一次到西安出差顺道去看我。他知道那里生活艰苦，专门从西安给我带了 20 斤酱牛肉。吃了好一阵子土豆之后，我们看到牛肉可亲切了，教师家属院的邻居们都跟着沾了半个多月的光，多年后还津津乐道此事。但当时其实我爸一进宿舍看到那里的情况，一把将被铺卷扔到车上说:“走吧，我们不待了。”我说:“这不行，我们是代表着中国青年志愿者，是有誓言的。”10 年后当自己为人母时我才理解，一个家长看到孩子身处那样的环境，一下子有些没办法接受。父亲一直记得这一幕，他说，那种艰苦已经超乎了他的想象。

采访组:那是一种什么样的生活体验?

裘萍:我印象深刻的有几个细节。那里的冬天非常长，西北的冬天比华北还要冷，是那种干冷干冷的状态，取暖是一个问题。那时候学校照顾我们城里来的支教老师，山西大同煤块都是不限量的。但是我们都没有生过炉子，为了不发生煤气中毒，我们就把门上方一块窗户糊成纸的，保持通风，北风一吹，晚上呼哧呼哧地响。

我们宿舍的门是用链条来锁的，中间的缝隙大到猫可以自由进出。放寒假前，我特意把蚊帐支起来，再塞到褥子底下，让床形成一个封闭的空间。等来年 2 月开学回到宿舍，行李往地上一放，连坐的地方都没有。房子本身是不密封的，桌子上凳子上全是风吹进来的尘土。一看床，蚊帐和床单被老鼠咬了很多洞，床上都是老鼠的粪便，那个场面到现在还是记忆犹新。

还有就是旱厕——多少年之后的噩梦中还会出现肮脏的厕所。西部地区缺水，厕所全是旱厕所，没有冲水一说，因为水连喝都不够，要靠水车一周从县城运一次水到学校，以满足师生一周的用水需求。

采访组：您是怎么适应那种艰苦环境的？

裘萍：收拾完老鼠的粪便，铺上新床单照睡。没有适应过程，只能接受。晚上去厕所要两个姑娘约好了一起打着手电筒走一段路，厕所建在学校边上的野地里，墙很矮，大家都不愿意晚上去。那时候真年轻，无知无畏，也没害怕过。当地民风很淳朴，比较尊重老师，学校还是很安宁的。

其实孩子们生活更困难。学生宿舍是用教室改成的。一个房间上下铺相连，住着三四十个学生。学校安排不了那么多学生住宿，有些大点的男生就在学校对面集体租民房住，6～7 人一间，为了省钱，晚自习回来才会烧一点煤取暖。他们没有一张真正的床，都是用砖垒成四条床腿，上面搭一块木板就睡 3～4 人。今天讲起来觉得恍如隔世，当年站在那破旧的宿舍里，听说学生们为了保暖经常和衣而睡，我转身就红了眼圈。孩子伸出来的手全是冻疮。我从那时候就知道，组织捐赠物资、多筹集棉衣有多重要。

在那样的艰苦条件下，孩子们还在坚持读书，还有人能考出来，真不容易。

关桥中学对面初三毕业班学生租住的民房一角

采访组:您认为支教老师对当地的教学起到什么实质作用?

裘萍:学校给我分配的教学任务是初三历史,但是我们在学校里几乎承担着全科教师的角色。我当时还兼任学校的团委书记,就利用现有资源建了一个校园广播站,用于锻炼学生的普通话和写作。每周我会先命题,一周下来学生们会自发投上来很多稿子,我从中梳理出那些相对成熟的作文,加以修改,再教他们朗读。有时候,我也会从网上下载一些科学常识作为阅读补充。增加这样一门课外训练,对语文教学起到有益补充。当年的乡村教育主要是应试型的,校园广播站一定程度上丰富了孩子们的课余生活。我记得每周五下午是校园广播站开播的时间,学校也会利用这个时间段进行大扫除。当大喇叭里传出孩子们稚嫩的朗读,参与劳动的同学们时不时就交头讨论朗读的内容,那场面真让人难忘。

由裘萍所指导的"爱家乡·爱亲人"朗诵演讲比赛暨"校园之声"校园广播站小小广播员选拔赛

此外,学生们还爱来问英语问题。我们的宿舍离教室也就三五十米,一整天都很热闹,门庭若市,只要是下课时间,学生们就肆无忌惮地来敲门;要么就是一堆小孩儿站在门前问,"老师能不能给讲讲张飞的故事";要么是写了篇作文儿,过来让老师看看。总之,什么问题都有。一天都是忙的，只要房间没关门，总是有学生涌进来。

厦大第六届支教团 7 名队员分散在不同的学校教书，每个学校 1～2 人。我们每个月都会交流，来彼此的学校开讲座，给学生们增加课外知识。我们的存在对于当地学生而言，就像一扇窗。他们透过我们，努力想看看外面的世界。

采访组：除了教学，还有什么特殊的任务吗？

裘萍：我们都会主动去家访，家访的动因往往是“失学”。我记得一个寒假回来，一个毕业班上少了近一半学生。我急了，马上去家访“捞”孩子。我印象很深的是李湾的一对兄妹，哥哥上初三，妹妹上初二。寒假过后，哥哥离开学校去打工了。我说：“你还有半年就中考了，为什么不坚持一下？”那个孩子几乎哭了，说：“老师，我们家只能供一个，我爸爸跟我说，我是男孩子，还有机会去念书。现在仅剩半年时间而已，成绩也上不来了。妹妹现在才 15 岁，怎么去打工？她成绩比我好，还是有可能考上县里高中的。”我就去游说他的家长，跟他讲我们可以帮他家解决孩子上学的费用。那时候一个学期才 250 多元钱，我就发动身边的亲戚朋友捐款，一年下来“结对子”资助了 10 来个学生，我很感谢这些亲戚朋友。个人的努力只是杯水车薪，更大力度的帮扶来自厦门大学有组织地捐款捐物。所以我们当时另一项重要工作，就是保证捐资捐物发放到位，钱花在刀刃上。

采访组：您还拍了一个纪录片，名字叫《那些花儿》，以记录支教岁月，能谈谈当时是怎么想的吗？

裘萍：支教的日子太不同于过往的生活经历，让人有记录下来的冲动，也是一种职业惯性。我有一台 DV 摄录机，在日常的工作中到处随手拍。上课、家访、运动会、开学、发放捐赠物资……起初没有具体的拍摄计划，就是觉得那些珍贵的瞬间值得记录。过年的时候回家，自然聊到支教的生活。我觉得讲得不过瘾，索性拿来视频播放，大家都被我的纪录片吸引了。从那一刻起，我意识到或许有必要把支教的岁月记录下来，告诉那些不了解西部的人，这里的学生是如何努力地学习和生活着。等下学期，我有意识地制订了拍摄计划，还请了当地的“歌王”唱“花儿”，自己给纪录片配了音。纪录片不好意思给专业课老师看，我们仅仅进行小范围传播，却感动了很多人。我想，那是真实的力量，是“致青春”的一份交代。

之所以叫《那些花儿》，一方面，“花儿”是流传在甘肃、宁夏、青海、新疆回族地区的一种民歌，实际上是一种高腔山歌，有地域代表性；另一方面是源于一个场景：有一次我发烧请假在宿舍休息，两三个学生带着山上采的野花来找我，见我生病有点不知所措。一个小姑娘带头说，我们给您唱个歌吧，“我从山中来，带着兰花草……”那个情景到现在依然生动，当时周围非常安静，但是那种真挚会成为我一生珍贵的情感体验，学生们不就是我的那些花儿吗？

裘萍在宿舍给学生指导课业

采访组：您的学生陈良财（化名）以海原县文科状元的优异成绩考入厦门大学新闻学院，成为您的师弟。当年得知这个消息的时候是什么心情？

裘萍：这个消息让我体会到当老师的幸福，这是我支教生涯中特别有收获的一件事情。我曾经写过一篇关于支教的文章——《这条小鱼在乎》。寓言说的是，风浪把小鱼打到沙滩上，有一个小孩把沙滩上的鱼一条一条扔回海里。这时候，走过来一个老人，告诉他："你这么做是没有意义的，这些鱼还是会死，没有人会在乎。"小孩回说："但是那条小鱼在乎。"陈良财就是那条小鱼。我很早就注意到这个学生，他的专注和坚毅给我留下了深刻的印象。后来家庭变故曾让他一度沮丧，我们为此深谈过一次。那次谈话对他来说意义深远，这是他多年后在学校一次关于支教的纪念活动上再次见到我时告诉我的。虽然我已不记得谈了什么，但我感到非常欣慰。

还有一个学生叫张小宝（化名），写作颇有些文采，是我在选拔广播员的时候发掘的苗子。我临走的时候送了他一本《海原文学》。后来听说他读的就是中文，他是否走上了文学创作的道路呢？还有一个想不起名字的学生，每年的教师节一定会给我发送一条祝福信息，十几年如此。

如果没有支教的经历，我不会如此深度参与一个人的个体命运。如果还能形成一些正向的影响，那就是此生"有幸"吧。

支教结束时会有临别赠言，我说："过不了多长时间，也许你们会比我更早为人父母。不管你这辈子的人生如何，你一定要教育下一代，鼓励他（她）读书，读书才有未来。"过了毕业季，他们当中绝大部分人将走向社会，这是非常现实的。

我觉得，把教育理念传承下去，是我作为支教老师的责任。我相信，通过一代代支教人的努力，一定会有改观。我们今天也能看到这种可喜的改变。

采访组：支教给您带来的最大收获和启迪是什么？

裘萍：支教是我人生中一笔无比珍贵的财富。第一个关键词是悲天悯人；另一个关键词就是家国情怀。没有去过西部不足以读懂中国，年轻人要心怀高远，更要脚踏实地。身处一个瞬息万变的时代，我们要用善意的眼光、平和的心态、科学理性的专业智慧去面对困难、解决问题，中国的质量和分量就在我们每一个人的手上。

叶楠：把梦留住

> 青春，就是让你有机会做一些一生无憾的事情。而选择支教，则让我觉得自己的青年岁月没有虚度。
>
> ——叶楠《把梦留住》

叶楠

采访对象：叶楠，浙江人，曾就读于厦门大学管理学院，2005 年参加厦门大学第七届研究生支教团，赴宁夏海原县西安乡中学支教。2007 年出版中国第一部大学生独立撰写的支教纪实《把梦留住》，全部售书所得捐赠西部学校。10 年来他长期参加各类公益活动。2007 年 9 月，他在《光明日报》发表了 7000 字西部支教报告文学《我们有一个梦想》，其真诚而朴实的文字，引起了社会强烈反响，更多的人在他的号召下投身于志愿者工作之中。2013 年，《把梦留住》一书再版，出版所得捐赠西部学校。2014 年 3 月 21 日，《光明日报》“我的中国梦”专版再度专版发表了他的报告文学《把梦留住》，记录了其支教 10 年的奋斗岁月。现就职于国家体育总局。

采访组：桂妩双　葛衍

采访日期：2020 年 8 月 31 日

采访方式：线上采访

采访组：叶楠学长，您好，请您简要介绍下当年支教的基本情况吧。

叶楠：2005年我参加厦门大学第七届支教团，全队9人，成队后我们在厦门大学接受了比较系统的培训，尤其是学校安排了我们到厦门双十中学进行教学学习。2005年8月，抵达宁夏回族自治区海原县，我和另一位厦门大学的队友被分配在海原县西安乡中学支教。

采访组：您当初选择去西部支教的初衷是什么？

叶楠：厦门大学的文化和基因中有厚重的社会责任感，校歌中也有“充吾爱于无疆”的内容。母校的教育让学生主动参与支教或志愿者活动变成一件很自然而然的事情，我在本科阶段接触了许多志愿者活动，尤其是在《厦大青年》[①]的经历让我坚定了支教的想法。

采访组：您还记得第一次上课的情形吗？有什么有趣或印象深刻的故事和我们分享一下？

叶楠：初到学校时，我带着兴奋劲，期待着学校安排给我的课程，没想到刚入校时，校长并未给我安排任务，我反倒成了闲人。后来又被分去了政教处做文字工作。直到后来，一名体育老师因病无法上课，就由我来代课，我虽惊讶于要成为体育老师，但也兴奋于这个当老师的机会。

本以为体育课备课简单，却发现学校只有一个千疮百孔的篮球，想去学校的图书室找些体育教育的资料救急，只找到一些20世纪不尽如人意的老教材。我最终想出了素拓游戏的主意，虽然孩子们顽皮，仅仅排队课就吼得我声嘶力竭，但孩子们投入了游戏就认真听话起来，很快完成了素拓任务。临近下课时，有个大胆的孩子叫老师唱一首歌，接着所有的孩子都起哄吆喝起来，我鼓足勇气唱了一首《飞得更高》，在歌声和孩子们的欢呼声中结束了我的“第一课”。

---

① 《厦大青年》是共青团厦门大学委员会机关报，旨在“反映青年声音，传承厦大文化”。

采访组:在支教期间，您除了参与学校的教学活动之外，还担任了西安乡中学的许多行政工作，并利用所学知识，参与校园建设规划。您觉得作为去西部支教的大学生，应当尽到什么样的职责?

叶楠:教师职业，神圣光荣，责任重大。其实做好一名合格的教师本身就很不容易。从加入支教那一刻，只能时刻提醒自己脚踏实地、尽心尽力、心怀敬畏、尽职尽责。

有两个建议供支教的朋友参考。首先，明白并弥补自己的不足。大学生的社会实践经验有限，对于当地社会经济文化理解需要一个过程，这都是要尽快学习的,“功夫在诗外”，做一名教师也是这样。其次，懂得自己的长处并发挥优势。一年的时间不长，但我们要最大限度发挥光与热。每个人的特长不尽相同，同时也要积极主动与当地沟通。

采访组:您支教所在的西海固地区环境恶劣，面对这样的生存环境和学生艰苦的学习条件，您有怎样的感触?

叶楠:西海固地区在 1972 年被联合国粮食开发署确定为最不适宜人类生存的地区之一，但那里的人们顽强不屈，始终怀有对梦想的渴望和追求，抱有对家人和国家的责任。我曾经在家访的时候看到学生在水窖口写着“为中华之崛起而读书”。我们在西部从事教师工作的同时，很感谢西部的学生给予我们的另一种教育：坚忍不拔，勇于追梦。

采访组:这么艰苦的情况下，您的家访工作具体是如何开展的呢?

叶楠:我和队友在支教过程中发现，孩子们苦涩的笑容背后一定隐藏着故事，于是决定真正走近孩子们的生活。家访通常在周末进行，西安乡是个自然村落，住户分散，有时还需要跋山涉水，加上联系不便，我一个星期只能走访 3～5 户人家，且极有可能扑空。

家访都需要跋山涉水，有时还会遇到沙尘暴。记得第一次家访时走出西坳乡中心十分钟，一路都是泥沙土路，路边多是荒废的田地，贫瘠得连野草都不肯落脚，除了沙子就是沙土堆，风吹着飞舞的塑料袋，广袤的荒原显得更加萧瑟。在沙土路上行走了半个多小时突遇一股黄沙从不远处犹如一个黄色的陀螺晃晃悠悠旋转着呼啸而来，一路掀起地面的黄沙，越聚越多攀到半天高，几秒钟后，耳边的风声渐过，我慢慢睁开眼睛，看着前方不远处一团黄色的布袋又张网向另一个方向奔去。孩子们的家里有的用纸糊窗户，有的受灾害影响坍塌了，屋里面几乎是一片废墟，被压毁的门框还在土堆下面露出一段朽木。每当此时，想到这小小的努力也许能改变一个孩子的命运轨迹，我就愿意坚持下去。

采访组：支教中有位叫霍有季（化名）的学生和您感情深厚，直到现在还有联系，可以为我们介绍下您与他相处成长的故事吗？

叶楠：2005 年我和厦大支教队友们到达学校后不久，县上就通知学校参加法律知识竞赛，从接到比赛通知到比赛开始，准备时间只有一个星期。我和支教队友立即进行了一次选拔，而成天手中捧着一本书的霍有季从中脱颖而出，我记得他虽然话不多，但语气坚定。

回到厦门后，我一直和孩子们保持着书信交流。他马上就要中考了，我写信告诉他暂时不用给我回信，安心备考。可没想到，消息一断就是四个多月。我忍不住了，给西安乡中学的李校长打电话，得知了他落榜的消息。我赶忙写了一封信邮给还在初三的张小梅（化名），请她帮我交给霍有季。信的内容很简单，最后一句话是：梦想还在那里，我们一起去实现，追求卓越，容忍失败；我相信我们能坚持下来，任何不能把我们击垮的困难，只会让我们更强。几周后他给我的回信，最后一句话居然是一首歌词：心若在梦就在，天地之间还有真爱，看成败人生豪迈，只不过是从头再来！

之后的霍有季，以非常快的速度成长了起来，他一步一步坚定地向着他最初说的那个梦想前进，哪怕前路坎坷。我看着他给我的一条一条留言，一个一个实现的目标，真挚地为他感到开心。2014 年春天，他告诉我，他和伙伴们创办的江宁青少年公益组织培育中心即将获得批准，这应该是南京地区首家面向志愿组织和青少年服务团体的社会组织孵化中心。接电话的时候，我正走在天安门广场上，这里红旗飘扬，人们轻快地自由穿梭。在时代洪流之下，一切奇迹，我们或许都不应该讶异。一路追寻，唯梦与爱，梦是方向，爱是力量。

采访组：您后来以支教经历为内容创作《把梦留住》一书，您是怎样萌生这个创作想法的？

叶楠：一个人的力量是有限的。我想通过真实的文字记录，让更多人了解西部、了解西部教育、了解那里的孩子们，或许这能让更多的孩子获得帮助。

2007 年《把梦留住》第一版成书，写的是一年支教的纪实情况，到后面第二、第三版乃至 2017 年《把梦留住：支教记录 2005—2017》出版，真实纪录是写书最重要的准则。许多人通过书或者直接通过我个人介绍，参与或者支持西部教育。唯有真实，是对大家信任的负责。2020 年 3 月，我从网上看到海原县通过检查验收，脱贫摘帽出列，完成了从“不适宜人类生存地区”到走向小康的历史跨越，很荣幸曾经能作为小小的个体参与其中。

我认为每个人都有梦想，我们也有共同的梦想，交织绚丽的梦想很多时候是共通的，也是互相成就的过程，尤其是我们作为中国人，更有共同的梦想。就像一首歌唱的那样：“每个梦里都有你的梦，共同期待一个永恒的春天。”厦大校训“自强不息，止于至善”，其实也是倡导大家不断追求梦想的境界，我想她既是清晰存在的，又是积极变化的。

采访组：西部支教给您的生活和思想上带来了什么改变呢？

叶楠：会更有责任感一些。在大学，考虑专业学习更多一些。一年的支教实践，让我深感个人和国家的命运息息相关，感恩的同时也必须付出努力回报社会。能力大小是相对的，责任也是与之对应的。

生活上，志愿者活动也是一种生活方式。利人利己是一枚硬币的两面，其实是分不开的。

支教过程中我也结识了许多真诚的朋友，包括《把梦留住》一书中提到的许多西部孩子，现在我们都还经常联系。当我看到他们成家立业、看到他们拥有更强大的追求梦想的能力时，我心中也获得了满满的幸福感。

董斌：海原是个好地方

“我认为对于海原，应该要评价它好的一面，以前都说它多差、多脏、多乱、多穷，我觉得没必要，那是因为你没有挖掘到它好的一面。”

董斌（右一）一家三口合影

采访对象：董斌，1983 年生于云南曲靖，2006—2007 年作为厦门大学第八届研究生支教团队长前往宁夏海原，在海原一中支教一年。2010 年硕士毕业于厦门大学金融系，现在国家开发银行云南省分行工作。

采访组：袁馨予　孙明策

采访日期：2020 年 8 月 24 日

采访地点：云南省昆明市广福路爱琴海购物公园

采访组：当年，刚刚本科毕业的您参加厦门大学研究生支教团，前往宁夏海原进行了长达一年时间的支教，您能和我们介绍一下当时的大概情况吗？

董斌：我们那一批是第八届了，当时有 11 个人，基本都是本科毕业去的，差不多 22～23 岁的年纪吧，分别到 4 个学校去。我去的是海原县城的一中，教的是政治。

采访组：您当时作为队长，在出发前都做了些什么样的准备工作呢？对于支教之行有没有一个明确的目标？

董斌：当时我是队长，我去之前跟大家说，我们这桌子人有缘走到一起，共同去那个地方待一年，大家一定要把这一年过得开心。第一，一定要注意安全，大家要相互照应，相互照顾，确保安全。第二，大家在一起要团结，你在这里并不是举目无亲，我们相互之间都是亲人，大家要开开心心的，开心是一年，难过也是一年，有的人可能会有闹矛盾的情况，那何必呢？结果没有想到这一年我们过得非常开心，也没有想到最后有很多队员都走到了一起。我们去海原就是想尽自己的努力去做一些事情，能帮助一个算一个，当时也倒没说定宏伟的目标。

第八届支教团成员合照

采访组：出发前希望这一年能开开心心地度过，但我们都知道您去的西海固地区曾经被联合国评为最不适宜人类生存的地区之一，在那样艰苦的条件下，您是怎样调整心态开心度过这一年的呢？

董斌：其实大家总爱问，海原环境有多艰苦，支教工作有多困难。但我去海原的时候，并不觉得海原很差，因为它也是个县城，我们以前也是从县城里面出来的，我曾经在乡下生活过，对这种乡下生活不会太介意。我认为对于海原，应该要评价它好的一面，以前都说它多差、多脏、多乱、多穷，我觉得没必要，那是因为你没有挖掘到它好的一面。所以你们到时候可以起个标题，就叫“海原是个好地方”。

第五届研究生支教团队长陈敬德拍摄的海原

采访组：我们在其他资料的描述中了解到，海原是一个极端干旱、条件非常恶劣的地方，为什么您会觉得海原是个好地方呢？

董斌：第一是自然环境，其实海原是个特别美的地方，我不知道你有没有去过西北，它那个山是光秃秃的黄土山，冬天下过雪以后，黄土山上覆盖上一层白雪，光线打过去，那种感觉真的不一样，是一种很浑厚、很厚重的感觉，不像云南的这些山都是有植被覆盖着的。当时我们从银川下来，过了平原，放眼望去就是高山深壑，没有树，有一种浓浓的厚重感在里头。光秃秃的山，你看习惯了也有它美的一面。它的山脊很大、很敦实、胖胖的，就像一头老黄牛躺在水塘边，阳光照在上面很安详，它那个山背很圆润、很有意思。我觉得海原还是挺漂亮的一个地方，我找几张照片给你看一下。所以我说这个也是海原的一种美，是另一种美，是美丽的海原。

第二就是当地的风土人情。当地人非常热情，非常淳朴，印象最深的就是去家访，每次去到学生家里，他们都客气地给我们倒杯茶过来，其实我们喝不惯他们的茶，因为茶是咸的，里面还有很多矿物质水垢之类的东西，可是人家那么热情，我们又不好意思拒绝，所以每次去家访都要拉肚子，现在想想觉得特别有意思。

那边的小孩子也是，他们的笑真的是发自内心的、很纯粹的那种，天真无邪的。因为看到他们，我才发觉在生活中学会快乐太重要了。苦中作乐，知足常乐，学会生活，这些是他们教会我的。

当地孩子爬到窗户上的照片

第三是当地的美食。他们的羊肉非常好，叫二胎羊，羊吃的水矿物质含量很重，因为它是喝着咸水长大的，肉就特别香，我们和他们一块就着大蒜、旱韭菜吃羊羔肉、吃馍。我真的觉得海原是个挺好的地方。

采访组：我们了解到，除了上课之外，您和当时的支教队员还组织了一些其他活动，比如建立南强驿站、成立一中南强爱心屋、出版“心园”报纸、植树活动、“一帮一”助学活动以及各种募捐活动等，可以请您具体描述一下工作内容和感受吗？

董斌：我们那年一共募集到18万元，这个金额在前8届中是最多的，这些钱也资助了五六百名学生。募捐的时候大家通过网络、报纸，以及发动亲友等各种渠道去宣传，去找一些赞助。我们有个队员李鸿添喜欢拍照，拍了好多照片回来发在网上，他当时取了个名字叫“同一片蓝天下”，号召大家给那边的小孩捐点东西。大家后来确实捐了很多东西，物资是用火车拉过来的，我们再专门找车去旁边那个火车站，把这些东西拉回来。因为六一儿童节时打算用这些物资举办一个活动，我们5月30日那天整理到凌晨两三点钟，31日又接着整理了一个通宵才把所有的东西整理完。车子在第二天早上七八点钟的时候来拉这些货物，然后我们一块跟着下去了。活动的效果还是挺好的，至少孩子们过得挺开心的。

采访组：您觉得这一年的支教生活对您自身而言有什么意义？

董斌：首先人一辈子有这么一次一年的经历是十分难得的。有这么段时间出去走走看看，体验一下不同地方的风土人情，看看人家是怎么生活的，在我看来这本身就很有意义。现在我也喜欢到处去走走，很喜欢去体验这些东西，支教对于我自身而言也是非常独特的体验。具体影响可以用婚姻、生活、工作、思想四个方面概括吧。

首先，支教这一年，我认识了我现在的妻子，这已经是对我人生很重要的影响了。

其次，是生活习惯层面。在那边的一年我们都是中午吃米饭，晚上吃面食。西北大多是这种吃法，我现在吃面食的习惯就是那时候养成的，因为我媳妇也是西北人，所以我们家现在也是吃面食多一点。因为那边的水质不好，我每次家访喝了水，回来的路上就胃痛，我从那个时候形成了一个习惯，出差一定带上治胃痛的药，这个习惯一直保持到现在，只要出差我都要放一板达喜片在包里面。所以这也是对自己生活习惯的改变，是对饮食习惯和出行习惯的影响。

最后，就是因为那时候我给孩子们上政治课，包括马克思主义哲学，所以那一年我看了一些哲学的书，包括宗教哲学、中国的传统哲学、先秦诸子等。这对我整个的思维模式以及自己的世界观、社会观多多少少还是有影响的。

采访组：对于西部支教活动的必要性，网络上曾经存在一些争议，有人认为这么短的时间、这么年轻的老师，难以为西部地区的现状带来多么大的改变，那么从您自身经历出发，您是如何看待支教的意义的？

董斌：我一直说的是支教接力，大家一批一批地去，每年有一批外来的老师，学生们看着会觉得新鲜一点，我们希望能够给他们打开一扇窗，给他们带去一些新鲜的东西。我们会组织他们看电影、参加一些户外的活动。当时我们11个人去，在那一年中，虽然我们不一定能够教孩子们很多知识，但是重要的是我们能给他们带去希望。如果说能够在他们心里产生一点儿产生一点儿涟漪的话，就像平静的湖面丢一个石子，这个波澜散播开，对他们未来的成长会很好。如果某个支教队员的某句话，说到某个孩子的心里去了，这个孩子一生可能就改变了，这些东西都是潜移默化的。润物细无声地接力，一棒接着一棒，终有一天，我们丢进去的石子将激起能够改变海原的骇浪。

王安：支教之于一位教育工作者的成长意义

“支教最重要的还是落地和务实，尽可能多地为他们做一点实际的事情。 厦大研究生支教团的力量在于脚踏实地、薪火相传。”

王安

采访对象：王安，1984 年出生于天津市，后考入厦门大学，其间先后担任厦门大学经济学院学生会主席、厦门大学经济学院研究生会主席、厦门大学研究生会副主席、厦门大学博士生会主席等。 多次荣获国家、省、校各级表彰。 支教期间，作为厦门大学第九届研究生支教团队长的王安曾在当地组织赈济汶川大地震的系列活动。 厦门大学经济学博士毕业之后，王安曾选择成为一名博士选调生，但他最终还是回到了教育行业。

采访组：任雪纯　潘怡彤　李晗　付海浒

采访日期：2020 年 8 月 15 日

采访地点：北京市海淀区学院路海德柒号咖啡厅

采访组：您还记得和厦门大学研究生支教团的结缘过程吗？

王安：本科的时候，我通过厦门大学学生会了解到厦门大学研究生支教团这个项目。厦大的支教工作都是走在全国高校前列的，不论是对当地的帮扶力度，还是给当地带来的影响。可以说，厦大支教队是厦大研究生的一张名片，能够参与其中是我的荣幸。

一直以来，我都有考公务员的想法，所以当时面临支教和出国两条路的时候，我果断地选择了支教，我觉得要到西部去看一看，才能更好地了解国情，才能以更广阔的视野从事公务员工作。

采访组：您支教的关桥中学位于宁夏海原县，条件是比较艰苦的，刚到那里的时候，有没有不适应的地方？

王安：宁夏的西海固地区曾被联合国评为最不适宜人类生存的地区之一，“西海固”里的“海”，就是指海原县。去海原之前，我们就做好了吃苦的准备。

虽然有一定的心理准备，但刚到关桥中学的时候，还是不太适应。那时候灯泡是没有电的，电只在特定时段供应。水也没有，学校一般会买一车水灌到地里面去，用的时候再抽上来。海原那边的水，矿物质元素含量比较高、水质差，所以当地人身体都不太好。我们经常正上着课，突然看到一个学生倒地。学生对此都见怪不怪了，因为每天都会发生这种事情，他们就“嘟嘟嘟”跑到宿舍去，拿个被子又跑回来，把倒地的孩子推到被子上，卷起来滚回宿舍去。

那时候国家每天给每个孩子补贴 1 块钱。学校里一个馒头 4 毛，很多孩子早饭就是一个馍，就着凉水吃下去，这样 1 块钱就可以吃两顿饭，两顿饭就管一天。我们有时候上课会给全班一人买一个馍，孩子们就很高兴，但实际也就花十几块钱而已。

我们早在出发前就决定不搞特殊化，所以都是在学校吃、在学校住。大家和做饭的师傅，还有学校的老师都很熟，所以很清楚老师们吃得并不比孩子们好。大家一般就吃一个菜，不是土豆就是包菜，偶尔有肉吃，也不过是一点肉渣。学校当时没有食堂，只有一个做饭的房子，大家买完饭之后，就拿着饭盆蹲在墙根旁吃。

虽然条件比较艰苦，但是支教这件事是很有意义的。因为我们确实通过这一年的时间帮助了一些孩子重返课堂，所以算是累并快乐着。而且我们去的关桥中学对厦门大学来说也特别有意义，在厦大对口支援的学校中，关桥中学跟厦门大学的渊源是最深的。厦大的操场叫“上弦场”，关桥中学的操场叫“上弦月运动场”，也是我们的支教队员推动母校和爱心企业共同建设的。

上弦月运动场

采访组：您在关桥中学支教的一年里，有没有发生什么印象深刻的事情？

王安：印象最深的就是汶川大地震的时候。我们跟汶川属于同一个地震带，所以震感也比较强烈。地震之后我们给孩子看了一些汶川地震的照片和新闻，孩子们看后都很受触动，还一起组织了捐款。

海原其实已经非常穷了，但孩子们捐款特别踊跃。对于我们来说 5 块钱不算什么，但对他们来说 5 块钱就是一个星期的饭钱，有的孩子不吃不喝也要捐款。我有一个学生叫银龙（化名），地震之后，他找到我们，说他在村里组织了募捐，一共筹集了 72 块钱。然后他递给我们一个大兜子，包了三四层，兜子里有一堆 1 毛的硬币，他说你一定要寄给灾区的小朋友。当时我们真的特别感动，也特别感慨。

海原的孩子有很多共通的地方。他们可能家庭条件不是很好，但并不会因为生活条件很差而自卑，相反他们都很乐观，很向往外面的世界。我们每次给他们播放电影、讲新闻，他们都特别兴奋。因为很多东西没见过，所以他们不太敢表达，会有点害羞，但是他们都很善良，这点从他们给汶川捐款就可以看出来。

王安和他的学生们

采访组：您还记得支教结束的时候和孩子们道别的场景吗？

王安：我们上一届的学长学姐有提前叮嘱：一定要记住趁上课的时候走。不然孩子们抱着哭的，抢行李的，死活拖着不让走的都有，到时候肯定就走不了了。所以我们没敢明目张胆地讲，只是趁大家上课的时间离开了，但孩子们心里是有预感的。因为这不是第一年有支教队，一到 6 月份，孩子们就知道这些老师要走了。

我那时候每星期会带着他们唱歌。学生们没怎么听过歌，但每个人都有一个歌词本，歌词是他们手抄的。可能我们平时上课都说“起立！”“老师好！”，但在关桥不是，他们是“起立！”，然后开始唱歌，唱 1～2 分钟，唱完之后老师再说“请坐！”。临走之前，在我教他们唱歌的时候，他们大概就判断出来老师要走了，走了以后就很难再见到了，甚至可能一辈子都见不到了。

王安的课堂

所以想到这里的时候，我们就觉得那时应该再多待一待，多陪一陪他们。我们能做的还是很有限，离开前唯一感到慰藉的就是：这个项目是薪火相传的，我的学弟学妹几个月之后就会来，他们会把我们做的事情做得更好。

采访组：您觉得支教团的到来给海原带来了哪些变化呢？

王安：厦门大学研究生支教团这个项目一开始就定位很清晰：要“传、帮、带”，要一届接一届地坚持下去。虽然从单独某一届来看只有一年，但从长期讲，这个项目是有连贯性的，这种连贯性的帮扶确实给当地带来了一定改变。首先，我们从开放的地区过来，会带来很多新的想法，孩子可以通过我们接触到外面的世界。另外，支教团一直努力地向社会寻求资金上的帮扶，让一部分本来没有机会读书的孩子可以继续读书。

支教期间我们很重要的任务就是做家访，这项任务的重点就是尽可能让更多孩子来上学。没条件上学的孩子，我们需要帮他创造条件。

我记得当时有一户人家，我们推门进去一看，家中就一个炕和一个破桌子，别的就没了。屋里所有东西都是土的颜色。整个屋里最新的就是一本教材。衣服就是身上穿的这一件，鞋就脚上那一双。有时候想想，这种条件，怎么能说服他坚持读书呢？所以我们需要给他找资助，为他创造条件，这个是很有意义的。我们支教期间一直在联系社会力量资助这些孩子，这也是当地非常欢迎我们的原因之一。

我们去支教，不是单纯为了增添履历，而是想认认真真做事情。从当地的实情出发，踏踏实实地给孩子们解决问题。一年的时间可能不够，但我们已经坚持了20年，未来还会坚持30年、40年。

采访组：对于如今奔赴西部的厦大研究生支教团的学弟妹们，您有什么话和他们说？

王安：第一，我觉得厦大研究生支教团这个项目是一脉相承的，所以大家一定要牢记使命，不忘初心。作为其中的一员，一定要把身上的使命落实好，这是第一位的。第二，就是要务实。个人的能力真的很有限，我们需要踏实地做好该做的事情。

上一届支教团的队长在临行前跟我讲："不要想太多，把一年的工作稳稳当当做好，就已经很棒了。"这话说得有道理。我们一开始也有很多想法，觉得要在这一年大干一番，让海原有翻天覆地的变化。但后来发现这样并不现实。支教最重要的还是落地和务实，尽可能多地为他们做一点实际的事情。厦大研究生支教团的力量在于脚踏实地、薪火相传。

采访组：支教这段经历对您后来的人生选择有什么影响？

王安：我最开始的梦想其实是当公务员，所以也考过省选调生，当时还拿了第一名的好成绩。但以支教为契机，我最终还是和教育结下了不解之缘，选择了教育下沉作为我的创业方向。我希望我的教学产品有朝一日可以投放到三线、四线地区，缓解教育资源分配不均的问题。

中国现在教育资源分配不均的问题还是比较严重的。教育资源分两种：一方面是硬件设施，现在有钱就可以买设备、买桌椅、盖学校，这是国家一直在做的。另一方面就是师资力量，现在不要说西部，就是东部地区，甚至同一个省也存在分配不均的问题。

解决这个问题的核心是让更多的人涌入到教师队伍里来。现在国家也在有意识地提升教师待遇，当教师这个职业有了更高的社会地位和收入时，慢慢就会有越来越多的优秀人才涌入，行业的整体水平就会随之提升。后期的发展则更多地依赖技术，比如利用互联网实现教育资源下沉，利用多媒体实现资源共享。

王安所创的“优师工场”

我创业也是希望助力教学资源的下沉，尽可能让落后地区的孩子也能上优质的课程。之前我一直想做公务员，觉得要为人民服务，但只是停留在概念上。现在选择了创业，我就想让它既有商业价值也有社会价值。如果有一天我成功了，有了资源和影响力，我一定会把我的产品带到西部去，无偿地提供给一些偏远地区的孩子，让他们也能够听到优质的课程。尽我所能报效国家、服务人民，这也是我作为一名党员和厦大学子对社会的责任与承诺。

叶仲霖：在支教这一年内，我们做的事很纯粹

“我们将大学社团里的一些活动融入日常教学，开展一些素质拓展活动。比如说，把学生分为 7~8 个小组，由学生自己选定各组的队名、口号等。通过这种素质拓展的方式，帮助学生更好地融入新集体，在活动中与身边的同学建立友谊，融入课程中去。”

叶仲霖

采访对象：叶仲霖，厦门大学 2009 级公共管理系研究生，厦门大学第十届研究生支教团队长。毕业后在正荣集团工作，担任正荣产业集团战略运营部副总经理，兼莆田市澄峰围垦有限公司、莆秀高速公路有限公司总经理。

采访组：许愿　叶凌昀　林姝晴

采访日期：2020 年 8 月 19 日

采访地点：福建省莆田市正荣集团

采访组:学长好！ 请问当初是什么原因促使您参加了研究生支教团这一项目呢?

叶仲霖:选择参加研究生支教团其实是受到了多重因素的影响。 我是第十届支教团的成员，在此之前，已经有 9 届支教团前往西部。 学校对研究生支教团这一项目进行了宣传，比如说有很多参加过支教活动的学长将自己支教时拍摄的照片放在学校进行展览，还有第七届支教队员叶楠写的支教纪实《把梦留住》等。 所以说，我从大一到大四一直都对支教活动有所了解，也对这个项目比较好奇，觉得他们做的事情很有意义。

同时，选择参加研究生支教团这一项目也与我自己的人生规划有关。当时，我希望自己在毕业后能成为一名公务员，所以也想借助这个机会和平台锻炼自己，积累经验。

采访组:可以介绍当时的生活条件吗?

叶仲霖:宁夏位于我国的西部地区，十年九旱，当时当地没有自来水，需要靠运水车从较远的地方运水过来供大家使用。 所以当时我们需要克服用水方面的不便，平常只能简单清洁一下，要想好好洗个澡，就需要到县城里去。 除了水资源的短缺，还有饮食方面的不习惯。 我们在宁夏支教时，条件比较简陋，经常吃土豆饭、土豆面，感觉在宁夏把自己一辈子的土豆都吃完了。 其他方面相对还好，因为国家重视教育，提供给我们的条件还是比较好的。

采访组:我们想了解一下，你们有开展其他有趣的课程吗? 孩子们的反应又是什么样的呢?

叶仲霖:我当时教的是政治课，我觉得初一政治课偏重于启发孩子，帮助他们树立正确的世界观、人生观、价值观。 比如说孩子们刚上初中，如何适应一个新的校园、新的环境? 面对新同学，如何建立友谊关系? 如何看待自己的人生? 于是我们将大学社团里的一些活动融入日常教学，开展一些素质拓展活动。比如说，把学生分为 7～8 个小组，由学生自己选定各组的队名、口号等。通过这种素质拓展的方式，帮助学生更好地融入新集体，在活动中与身边的同学建立友谊，融入课程中去。

孩子们很少上这种形式的政治课，再加上这种方式也确实有趣，所以孩子们都比较感兴趣，也很开心，这种形式的课堂参与度和认可度还是蛮高的。

叶仲霖和学生们

采访组：作为支教队的队长，除了平时的教学工作，您还负责哪些工作呢？

叶仲霖：除了平常的教学工作，研究生支教团还有助学以及团学的工作。助学工作需要我们针对孩子的家庭情况，做一些家访调查工作，了解并且结合他们的实际情况，帮助他们争取相关的助学金、奖学金，从而解决他们的困难。至于团学工作，在我看来和大学里的学生会、社团组织工作有类似之处。我们在支教时也举办了很多活动，比如说歌手赛、运动会等活动，丰富了孩子们的生活。

助学方面，我们筹集到的总金额是二三十万元，我们也在持续进行一对一的学生帮扶；团学方面，我们举办的艺术节呈现方式多样，使校园氛围更加浓厚，让学生更喜欢学校，也让他们知道老师是在关注他们的，同时还可以培养他们的价值观，让他们建立起对未来的信心。

总而言之，教学是基本线，团学贯穿全线，助学则是帮助解决学生在学习中的困难。

采访组：请问在支教期间您有遇到什么困难吗？ 您是如何解决的？

叶仲霖：我觉得当时的困难更多应该还是在助学方面，因为当时家庭困难的学生比较多，而支教队的队员不多。 对于团学和教学工作，因为有足够的知识和经验，我们都能够胜任；但是对于助学工作，以往我们做得比较少，又面对这么多需要资助的学生群体，所以我觉得这是当时面临的最大一个难题。

我觉得有效的解决方式是借助我们学校的力量。 通过母校，我们可以借助互联网和新闻媒体的渠道进行发声。 我们学校也有各种类型的公益协会，比如当时厦门大学乐助协会帮助我们跟企业家协会进行联系，并通过各个渠道发声。

我是从农村走出来的，其实并不会觉得有多辛苦。 但是有些队员会感觉辛苦。 我经常会和他们说，支教工作的确辛苦，但我们难道会比这些孩子更辛苦吗？ 相比于孩子们，我们已经很幸福了，孩子们还得面对经济压力，回到家要帮忙干农活。 我们在帮助孩子们的时候会感到辛苦，但是当问题被解决时，我们会收获成就感。

采访组：您在支教期间帮助了两位患有先天性心脏病的同学。 请您具体讲讲您帮助她们的过程。

叶仲霖：第一位同学叫田小叶（化名），她非常懂事，平时从未向老师同学提及自己的病情，我通过家访得知了她的情况。 先天性心脏病就像绑在她身上的一枚定时炸弹，可她的家庭无力负担高昂的医疗费用。 我决定帮助这个学习刻苦、懂事孝顺的女孩。我首先联系了宁夏福建企业家协会，和会长探讨这种情况的解决办法。同时，面对所涉及的资金问题，我和海原县团委、厦门大学乐助协会以及企业家协会进行了对接。企业家协会挺热心的，几个企业家都出了资金，他们还帮忙联系了宁夏大学附属医院，不仅在经费上提供了支持，还帮忙解决了医疗资源上的问题。我记得当时宁夏大学附属医院的团委书记也很热心地帮我们对接做手术的时间。因为是在宁夏当地，整个过程还是比较顺利的。在帮助第一位同学的过程中，我更多着眼于当地的渠道来解决问题，然后借助其他方面的一些力量。

过了一段时间，第二位同学马小蓉（化名）得知田小叶接受治疗之后向我发来了求助信。当看到求助信时，我有一点畏缩，因为在帮助田小叶时我们已经花费了很多心思和精力，在资金方面也存在困难。后来想想，马小蓉虽然身患重病、家庭条件困难，而她仍刻苦学习，成绩非常优异，我还是应该向她伸出援助之手。这次我把目光转向了外部资源，去寻找其他可以获得帮助的渠道。经过一个多月的多方寻找，我们得知山东济宁医学院附属医院提供先天性心脏病的免费治疗，经过联系沟通帮助马小蓉同学申请到了免费治疗的机会。因为之前帮助过患有先天性心脏病的同学，我们已经积累了一些经验，这次费用的问题也得到解决，我们就送马小蓉同学到山东接受了治疗。

总体来说，帮助两位同学的过程都比较顺利，最终两位同学的先天性心脏病都得到了治疗。

采访组：那两名女孩现在的状况是怎样的？帮助她们后您的心情是怎样的？

叶仲霖：她们一个应该是在广州从事教育培训工作，另一个目前留在宁夏。帮助她们对于我来说是一件挺开心的事情。当时考虑能否帮助她们筹集到资金、手术能否成功等问题，在刚开始有过退缩，后来许多热心人士的参与和支持，我发现问题被一一解决，自己也受到了鼓励。可能对于我们来说这没什么，但是对于两位同学来说，这是关系到家庭的大事，所以成功帮助她们让我很有成就感。

采访组：在支教过程中，还有让您印象深刻的事吗？

叶仲霖：印象深刻的，也比较有代表性的是帮助宁夏当地一位名为李成林的农民。他在自家连续举办了17届农民运动会，每一届的运动会都很特别。他还在自己家里成立了一个“李成林文体大院”。我们了解之后，就觉得这是一件很有意义的事情，所以我们就和他一起将这个品牌传播下去，到各个公司宣传该品牌，并为他捐献书籍、提供文体设施。因为我们认为它不仅是一个点，更是一个面，我们可以通过它继续把助学、团学做下去，它也会让更多的孩子、老百姓参与到“文体大院”。

叶仲霖和李成林(右一)

我们去宁夏是为了教育学生，但其实是很多事情教育了我们，给了我们一些启发和力量，让我们也在这个过程中成长。

采访组:《海峡都市报》曾刊登题为《用一年时间，做一件终生难忘的事》的报道，介绍厦门大学第十届支教团的事迹，您认为这一年的支教经历为什么会让您终生难忘?

叶仲霖:第一，在大学，我们的身份是学生；而在宁夏，我们的身份是老师，这是一个定位的变化，也是我人生中角色的第一次重要转换。

第二，在支教的这一年内，我们做的事很纯粹，不会掺杂功利，只是单纯地帮助学生。在这过程中，学生也会感染我们，给我们力量，这推动着我们继续坚持做下去。所以说，我们既在帮助别人，别人也会给我们一些思路。

第三，是环境的改变。从沿海到内陆，到一个陌生的地方，大家一起靠团队的力量做事情。

采访组:您现在是在企业工作，请问支教的经历对您的人生选择有什么影响吗?

叶仲霖:第一，意识到我国东西部地区发展不均衡，认识到了经济的重要性。支教的经历让我从想考公务员转变成更关注支持经济发展方面的工作。

第二，因为这次的经历，我参与现在任职的正荣集团公司的公益基金会的活动较多。比如说，我会帮忙筛选公益理念较好、公益事务做得好的团体。由于这些团体自身也是在帮助他人，这样一来，我们帮助的就不只是“点”，更是“面”。还有一个是“你好，社区”的项目。这个项目是以拉近社区人民之间的距离为目的的。

采访组:您对厦门大学未来的研究生支教团的队员有什么寄语吗?

叶仲霖:第一，厦大这么多年做这个品牌是很不容易的。它经过了多年的传承与延续，希望未来的队员们能够珍惜这个平台。

第二，支教团很能锻炼人，但与此同时，队员们身上的责任也不小。希望未来的队员们要有责任感，认真对待、处理遇到的每件事情，毕竟支教的经历在一生中很难得。要在支教的过程中不断成长，不留遗憾。

赵萌：带着空杯的心态去学习和体验

“虽然我们去的时候踌躇满志，但到了之后才觉得现实还是太‘骨感’了，我们只能把有限的资源给需要帮助的孩子。”

赵萌

采访对象：赵萌，厦门大学 2010 级社会学系研究生，厦门大学第十一届研究生支教团队长。研究生毕业后先后在中国中化集团人力资源部、商务部、中化太仓、中化涪陵、中化化肥、集团办公厅、中化实业等工作，现任中化实业有限公司团委书记。

采访组：石浩 赵天骏 裴闻达

采访日期：2020 年 8 月 8 日

采访地点：北京市 icoffee 咖啡厅

采访组:赵萌学长，您能否和我们谈谈在人生岔路口，您出于什么考虑选择了研究生支教团?

赵萌:当时我觉得自己肯定是要读研究生的，我也认识一些参加过研究生支教团的学长，比如说现在法学院任职的陈国渊老师。当时选择支教更多的是想让自己去接触一下社会，但是真正开展支教工作的时候，才更加觉得自己选择的这条路是对的。我们这一辈子可能很难再有这样一个机会，用一年的时间去做一件事，做可能和你未来的职业道路、人生道路完全不相符的一件事，这样一年的经历对个人的成长和社会认识的提升是有很大帮助的，所以当时就选择去研究生支教团。

采访组:您觉得支教过程中最大的困难是什么?

赵萌:在支教的过程中我们能做的事情是很有限的。即使有学校的大力支持，比如学院提供十几万元的助学金，再加上一些社会赞助，但是拿这些钱去资助贫困户的孩子，每人一年大概也就是600元左右，这些钱根本不可能改变生活，就只能让学生去买教材，或者课外书，甚至大部分的孩子会把这个钱拿去贴补家用，他自己也不会用。

虽然我们去的时候踌躇满志，但到了之后才觉得现实还是太“骨感”了，我们只能把有限的资源给更需要帮助的孩子。我们可以带他们去见识新的世界，让他们觉得外面的世界可能还挺精彩。但我们只能通过语言和一些图片向他们展示外面的世界，不能带他们真正地出去走一走。80%的孩子也许一辈子就留在那边了，他们不会选择，可能也没有机会选择走进大城市。所以这就是我们觉得特别苦恼的地方，始终觉得自己能做的事情太少了。

采访组:您到了海原以后，对当地的第一印象是什么?

赵萌:第一印象就是当地非常贫穷，我觉得如果一个老师真的能在这里干一辈子，还是挺令人敬佩的。当地没什么资源，工资也不会特别高，想改善生活是很困难的。当时乡下没有自来水，我们每周喝的水都是用一个小水车从县城拉到学校，放满一个水缸，这就是一周的用水；厕所全是旱厕，一年清理一回，夏天的时候味道挺大，冬天的时候就会四处冒风；我们每周到县城洗一次澡，就去那种公共澡堂。此外，当地的水质特别硬，水里的矿物质相对来说多一些，如果烧开的话，水垢就会特别多。

采访组：在宁夏海原服务一年，您同时还是支教团临时党支部书记，您每天工作生活的主要内容是什么？

赵萌：当时支教队14个人成立了一个临时党支部，然后按照党章要求定期开展“三会一课”的活动。我们印象比较深的一次活动是去了一个乡镇图书馆，它是当地一个叫李成林的人盖的一个小房子，里面放上了一些书和运动器材，这个小房子就变成了乡下农民的一个活动点，大家可以定期地过来看书或是做一些运动，主要是服务留守老人的。我们去学习了以后发现他的这些东西基本上都是募捐过来的，其中有一半的书都是厦大捐的。

李成林自己也是一个农民，没什么经费来源，依旧用自己仅有的力量把图书馆给建立起来，让我很感动，也很钦佩，对于我们影响也挺大。

采访组：支教的一年中，有没有哪个学生给您留下了深刻的印象？为什么？

赵萌：留下深刻印象的学生有很多。我现在还和几个学生保持着联系，有一个学生叫田小琼（化名），是一个特别热心广播站工作的女生。海原那边的孩子们说普通话也会夹杂着一些乡音，田小琼每天都会自己写好稿子，然后找我们来改。我们刚去的时候还不知道有广播站，是她不断地在督促着我们。她当时已经初三了，应该把大部分的精力放在学习上，她的班主任也找我们两个谈，希望她能够好好学习，尽量少浪费时间在广播站上，但是她对此非常有热情。后来她学了护理，现在应该是个护士了。

还有一个学生叫田海华（化名），也是个女生，学习特别好，非常聪明。她后来考到了青岛大学，毕业之后又去兰州大学读研究生，今年毕业。去年找工作的时候还给我打电话，她当时有公务员以及国有企业的一些工作机会，所以就来问我该怎么选择比较好。

采访组：那边孩子对于厦门大学来的老师是什么样的态度？

赵萌：他们非常欢迎我们。因为我们每一批研究生支教团的老师整体素质还是比较高的，同时在学校里边也经常参加一些活动，我们去那里的时候就给孩子们讲一些故事，给他们介绍外面的世界，告诉他们很多事情的本质是什么。

当地老师因为有各方面的考虑，往往会比较严格。而我们支教团的老师们可能相对和蔼一些。那边的学生知道我们会给他们拿书，还会给他们捐一些衣物，然后还会有一些助学金，所以他们对我们还是挺期待的。当然，除了这些物质上的帮助之外，我们还会给他们精神上的帮助。所以当地的学生、家长，还有乡亲们都对厦大来的支教老师很友好。我们周末去家访的时候，会拎一兜水果或者一兜鸡蛋给孩子家里带过去，到了家里以后他们都很热情，有时候会给我们炖羊肉。还有我们去门口的小店吃一顿炒面片，老板经常不收我们的钱，因为他觉得我们远道而来是为了帮助他们。

最后我们要离开海原的时候，收到了好多信，都是那些孩子们写给我们的，现在这些信还都保留在我郑州的家里。

采访组：我看您在一次访谈中将支教这一年称作自己的“后本科时代”，那么支教带给了您怎样的成长呢？

赵萌：在本科毕业之后选择去支教，这一年的生活和学校的生活是不一样的，但又并不是完全就进入社会了，这一年其实是一个过渡期，所以我会想把更多的精力放在这一年，去实现更多的目标。

一年的支教生活，与其说我们给那些孩子们带来了很多东西，还不如说我们从他们身上学到了更多。比如我刚刚提到的那几个学生，他们对于生活的向往、追求，对于学习的渴望，对我来说影响都特别大。我们能教的东西都是有限的，但是孩子们带给我们的东西更多，所以我觉得这一年是一个学习的过程，学习到了很多生活技能，也收获了很多精神食粮。这些收获和在大学中学到的不一样，在大学里学的是知识，在支教中学的是技能，同时也让我们对于生活的认识有比较大的改变。

有些东西是书本上没告诉你的，比如说去看一篇报道或采访，你可能会觉得采访有些地方写得不好。评价别人是比较好评价的，但是自己真正来做采访的时候才会发现采访也不是那么容易。只有去实践了，才知道这件事情的本质是什么。我们一开始都觉得自己还挺能聊的，可是当真正站到讲台上的时候，才知道面对着 50 多双充满期待的眼睛的时候，自己还是会有一丝恐慌。

所以说支教这一年，我的收获确实是比我付出的要多。

采访组：您工作了以后，觉得在支教的经历中最重要的收获是什么？

赵萌：不害怕是我觉得最大的收获。因为我觉得我们的生活条件其实都比那边的学生要好得多，我们人生的选择也会比他们要多得多。但是如果没有这一年的经历，总会患得患失，总会觉得考研是不是更好，或者去工作会不会更好。但是这一年之后你会发现你有了选择，当有选择的时候，说明人生是更加丰富的，怕的是没有选择。所以当我们面对更多选择的时候，你就不会去害怕选择，不会去纠结哪条路是对的，哪条路是错的。实际上无论哪条路，只要自己能够踏踏实实地往前走，都是会有一个好的结果。

我觉得那里的一些孩子会不断地去坚持做自己的事情，让自己成为从大山里走出来的研究生，这也就激励着我自己，我的条件比他们好多了，所以这一年之后我也更加学会珍惜。

采访组：您对接下来的支教团成员有什么建议？

赵萌：希望新一届的支教队能够怀着空杯心态。大家可以踌躇满志地去支教地的学校，但是去了之后还是要把自己给放空，放空之后才能装进东西，要不然总觉得自己要去改变社会、改变现状，这种想法本身就不是特别现实。希望大家能够带着空杯的心态去好好地学习和体验，好好地珍惜在支教地的这段经历。

郭奇：千万种成功里，融小我入大我最重要

从东南到西北，一年的时光，让宁夏成为郭奇的第二故乡。在宁夏支教期间，郭奇曾陪伴烧伤女孩田小菲（化名）前往北京就医，并联合队友发起筹款帮助她完成面部整容手术。他说："在创业的这几年，每次'清零'的时候，我都会联想到当年支教期间我们从什么都没有开始，一步一步地募捐善款，去尽我所能提高孩子们的生活水平，这些经历给了我'从头开始、躬身入局'的勇气和力量，也给了我一个正向循环的暗示——只要有明确的目标和不放弃的信念，就一定能把憧憬变为现实。"

郭奇

采访对象：郭奇，男，1988年12月生，安徽临泉人，厦门大学企业管理系2006级本科生、2011级硕士研究生，厦门大学第十二届研究生支教团成员。现为从聿书店合伙人，卤胖胖卤味创始人。

采访组：张萌萌　刘曦琳

采访日期：2020年8月21日

采访地点：厦门市海沧区

采访组：学长您好！ 距离您前往宁夏支教已有 10 年，请您回忆并简单介绍您在宁夏支教期间的经历。

郭奇：2010 年的夏天，我跟随厦门大学研究生支教团去往宁夏海原县，我被分配到厦门大学在宁夏的支教队驻点单位——关桥中学。 我去的时候学校已经修了教学楼，硬件设施基本完备，不再是前几届支教队看到的那种艰难的状况了，学生们也都拥有自己的书桌和课本，我感到当时孩子们更需要的是思想和精神上的帮助。 课下我们会定期开展“第二课堂”，特意购买了一台投影仪，跟孩子们一起看电影，给他们上思想教育课。 这些活动迅速拉近了我们的距离，让彼此成为朋友，我们会给他们讲述自己在大学的生活和外面的世界，同时也会聆听他们成长中的故事，解答他们的困惑。 为了帮助更多的孩子继续读书，支教队员们借助互联网在微博上发起公益募捐，为孩子们募集资金、书本、衣物等资源，还经常走访学生家庭，了解他们的生活状况，也会劝导学生的父母不要让孩子太早辍学，尽力为学生们争取继续受教育的机会。

郭奇在关桥中学的课堂上

采访组：您在支教期间，曾帮助一名幼时大面积烫伤的当地女学生前往北京就医，您能说说这件事的经过吗？

郭奇：我们帮助的这个女孩其实并不是我班上的学生，她是通过她的班主任找到我们，告诉了我们她的烧伤情况，希望获得一些帮助。厦大支教队在海原县的名声很好，当地学生如果遇到了困难，有时会主动向我们寻求帮助。这个小女孩小时候因遭遇意外，脸部大面积烧伤，不但影响了她的容貌，她的手指也因为烧伤而粘连无法分开。所以她在学习时，都是用虎口将笔卡住，再用手掌攥紧笔，才能完成书写。因为家庭的经济情况不佳，再加上当地的医疗水平限制，她的伤拖了很多年都没有得到治疗。了解她的情况后，我们希望能帮这个花季女孩恢复容貌，回到正常的生活，我们先是通过互联网众筹和公益演出等方式，募集了十多万元的善款，带着她前往北京协和医院治疗，前后一共做了三次手术。前两次是我带着她去的，最后一次是由后面的支教队员带她去的。虽然我们在经济上帮助了她，但是做这个手术很痛苦，需要从身体别的部位切割皮肤移植，治疗过程中对心理承受能力的挑战才是最大的。看着她的样子，我有时会有些于心不忍，却又不想磨灭孩子这么多年好不容易获得的希望，只能默默陪伴着她，幸好小女孩很乐观，手术过程也比较顺利，虽然不能完全恢复样貌，但是她现在已经恢复到能够正常生活的水平，这让我们感觉自己付出的努力有了意义。

采访组：支教的经历，对您后来创业和人生目标，有什么样的影响？

郭奇：我很庆幸当年参加了支教团，10 年过去了，我们当年教的学生有人考取厦大，也有很多已经参加工作并取得了不错的发展，我们还会时常联系，这是一种非常难得的感情。我常常觉得宁夏就是我的第二故乡，在那里不仅是我们为当地学生带去了知识和希望，他们也带给我很多宝贵的东西。在宁夏支教度过的那一年教会了我很多，改变了我读书的心态和对事物的认知，在后来创业过程中支教经历也带给我很多力量，支持着我去做出一些别人不愿意做的选择与尝试，改变了我的追求和对人生价值的理解。比起追求财富，我把成功定义为内心的平静或开心，我对商业的理解是爱与责任。所以我创业时最看重的目标并不是一年内能赚多少钱，而是希望能够细水长流，发挥自己的所长和所爱，做一家具有良好的企业文化和工作氛围的公司，小而美、持续性地运作下去。我希望我所做的事业无论大小，都是真正服务人民，为社会创造价值的。

采访组：2020年新冠肺炎疫情期间，您的卤味店铺停止售卖，全部送给漳州市抗击疫情的医护人员，您能跟我们讲讲这件事的经过吗？

郭奇：我的卤味餐饮店铺原计划于2020年春节开业，但是突如其来的疫情给餐饮行业带来巨大冲击。在这场全国人民共同面对的“大考”中，我们希望能够尽自己的绵薄之力，共克时艰。大年初八是我们开业的第一天，我们决定当天的30份卤味均不售卖，而是免费赠送给新冠肺炎定点医院——漳州市第三人民医院。随着疫情形势越来越严峻，更多的医院和医护工作人员加入抗击新冠肺炎疫情的队伍中，我们紧急抽调员工专门为这些白衣天使加卤。我们临时租了一台小皮卡车从漳州一路开到诏安，将经过检疫合格的20只鸡、20只鸭运送回中央厨房，为了保证卤味的安全和配合抗击新冠肺炎疫情防控要求，我们对大厨和其他人每日进行3次体温检测，并严格要求员工在“两点一线（家与店）”之间活动，就这样加班加点在非常时期制作出了几十份卤味拼盘。但是当时公交已经停运，美团也暂停服务，要在特殊时期把卤味送到4家定点医院对一家小企业来说是一个不小的挑战，多亏了当时的热心群众主动将电动车借给我们，还主动开车送我们到各个医院。为了不影响医务工作的正常运作，我们在热心群众的帮助下提前联系漳州市卫健委，后又与4家新冠定点医院进行了反复沟通，最终把66份卤味拼盘送到了医务一线。为了表达对他们辛劳工作的感谢和敬意，我们特意将所有卤味进行分解，每一小份独立包装并一一写上祝福语。能顺利把鲜卤送到定点医院，离不开热心市民的帮助，为了答谢和服务漳州人民，我们后期还拿出为数不多的口罩，免费送给客户，与大家齐心协力共同抗击新冠疫情！

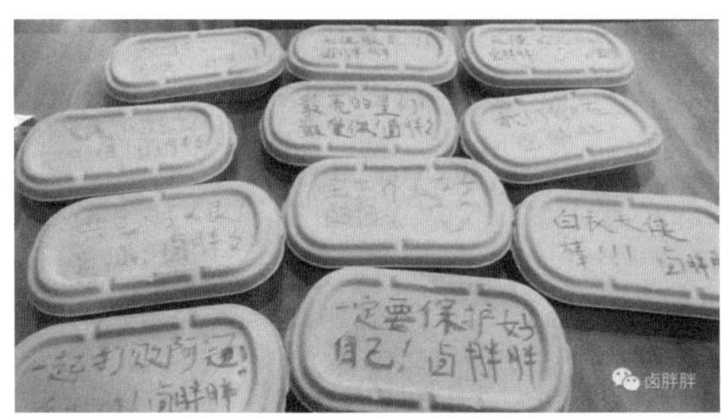

郭奇的爱心卤味拼盘

郭奇（左一）和员工为新冠肺炎定点医院服务

采访组：厦大研究生支教团是闽宁合作的重要组成部分，您能结合您的所见所闻给我们讲讲您所理解的大学生支教团与闽宁合作的关系吗？

郭奇：“闽宁对口扶贫协作”是习近平同志在福建工作期间，亲自部署、推动的重要战略决策。自 1996 年起，闽宁合作经过不断探索和实践总结出一套行之有效的“闽宁模式”，成为我国东西扶贫协作的成功典范。当时我到宁夏，那里有挂职的乡镇干部、医疗支援团队和其他学校的支教教师等，我们大学生支教团和他们各自承担着共同的帮扶责任中的不同部分。当时去支教的人民教师队伍主要承担语、数、英三大主科，他们待的时间更久，也更看重教学任务，工作重心是帮助当地学生提升考试分数以便顺利进入更高阶段的年段学习。而我们大学生，更多的是为学生们打开一扇外面世界的窗户，带给他们一个向往和憧憬的目标。虽然我们支教一年，没有帮扶干部和专职教师们在宁夏待的时间长，但一年年、一批批地轮换更替，大学生支教团为当地学校不间断地带去了新鲜血液。离开宁夏的这些年来，我一直都关注着闽宁合作的近况，早期闽宁合作是“面”的铺陈，希望尽量覆盖更多的地区，但随着闽宁合作的深入发展，现在的闽宁合作更像是对“点”的支援和系统帮扶，闽宁合作正在开启新的篇章，相信一代又一代人的接力能给宁夏带去更深入、更系统的帮助。

作为赴宁研究生支教团的一员，我为自己曾投身于闽宁协作的伟大事业而深感荣幸。不管在何处，无论从事何业，这段“充实的苦日子”，都涤荡着我的心扉，激励着我砥砺前行、不言放弃。或许这世界上有千千万万种成功，但对我而言，将自己的人生价值融入社会发展的大动脉，做一个踏实的奋斗者，就是最好的成功。

李富贵：无形的力量，梦想的支撑

面对可能的质疑声和潜在的困难，李富贵在支教的过程中却没有任何彷徨。因为她是去支教的人，她知道支教的意义和价值。她用“知足”“感恩”“责任”“奉献”来概括这一段经历。对她来说，选择支教就是用不到一年的时间完成终生难忘，甚至改变命运的一个决定。

李富贵

采访对象：李富贵，1989年1月出生。厦门大学第十三届研究生支教队成员。2007—2011年就读于厦门大学公共事务学院并保送同专业硕士研究生，2012—2018年硕博连读。现就职于厦门市体育局。

采访组：林瑜婧　方翼　夏羽含

采访日期：2020年8月22日

采访地点：厦门市思明区禾祥西路737号

采访组：李富贵学姐，您好！ 您是厦门大学第十三届研究生支教队的成员，请谈谈加入支教队的原因和契机。

李富贵：在加入支教队之前，我曾在大三暑假随厦门大学西部梦想社团前往贵州望谟县，支教了20天。 那是我第一次作为一个亲历者去感受支教这件事情。 用一句话来概括，那20天让我亲身体验了“支教老师”这个身份。 这是一群心里有爱、眼里有光的人，他们肩负的是一种荣誉感、责任感和使命感。

回想起我跟支教团的故事，确实是一段非常奇妙的缘分。 在贵阳休整的那天，我们社团和支教团成员都住在贵州大学，队伍正好组织了一次跟支教团的交流。 我的一位直系学长当时讲了一句话，直到现在我的印象还非常深刻。 他说：“只要心中有爱，就会有希望。 只要充满了爱与希望，总有一天会开花。”学长学姐分享了赴宁夏支教的心路历程和感悟，带给我很大的触动。

我也是从山里出来的，我的家乡位于少数民族地区，生活条件比较艰苦，所以我从小就知道贫困地区的孩子要比别人付出更多才能看到外面的世界。 在成长过程中，我得到了家人、老师、同学、朋友以及资助我的人士的关爱，这都让我有责任把我能发光发热的力量传递给别人，帮助别人，做一些有意义的事情。这是我从小到大的愿望，所以我很乐意投身于支教事业。

采访组：在海原县的经历与您最初的设想有什么不同之处吗？

李富贵：我在去之前对“西海固”进行了解，它曾被联合国认定为最不适宜人类生存的地区之一，常年干旱少雨，十年九旱。 尽管如此，我对那里的贫困程度并没有一个直观的感受。 直到去乡下家访，我才发现那里的土地有多贫瘠，山丘多是光秃秃的，沟壑万纵的黄土地没有一点植被覆盖的痕迹。 受地理条件限制，当地人只能种植土豆、白菜和荞麦，很多偏僻乡村的温饱问题都是依靠此才基本得以解决。 海原的乡下更是交通不便、水资源稀缺，这些问题无疑使得这片本已贫瘠不堪的土地更加落后。 有的学生家离学校非常远，走路需要花上两三个小时；有的家庭甚至连自行车都没有，孩子们从小学就开始住校了。

除了自然资源匮乏之外，教师资源的匮乏也是制约当地教育发展的一个瓶颈。我记得去送扶贫物资的时候来到了一个非常贫困的乡村教学点，整个小学只有两个年级，14 个娃娃，配备 1 位老师。老师上完这个班再去另一个班，还要像父母一样照顾孩子们的日常起居。大冬天教室里滴水成冰，最冷的时候气温零下 20 ℃，又没有暖气，在教室里学习的孩子们手上全是干裂的口子。

我回来时真正地感觉到，看到别人的不容易，才会觉得自己的生活有多么幸福。我的心里非常震撼，这对我来说也是一种成长。

采访组：您在回民中学支教，请谈谈您在支教过程中的主要工作安排。

李富贵：因为负责健康教育课，学生们经常称呼我为“健康老师”。我带了 9 个班，大概是全校 1/3 的学生。上午主要是帮助校长改初三 3 个班级的数学作业，做行政工作；下午上课，晚上就会留下来辅导晚自习到九点半，有时候还会去宿舍跟孩子们交流。我周末一般会去家访，到乡下的贫困家庭了解情况，还会把当时学校募捐得来的御寒用品，以及书籍、文具等物资送到乡下去。此外，我还负责支教团的账目管理。那年总账金额是 17 万元，其中回中一对一帮扶款募集到 7 万多元。每一笔款项都需要我们记录、签字并反馈给资助人，这也是工作中一个很重要的部分。

采访组：您与团队成员们有什么印象特别深刻的经历？请谈谈您与队友遇到的最大的困难或挑战，以及最终是如何战胜它的。

李富贵：最大的挑战就是身份角色的转换，我们需要克服的不仅是生理上的不适应，还要在工作上快速适应新环境。因为是第一次当老师，以志愿者的身份帮扶别人，这个过程中，我们要跟陌生人相处，适应新的生活节奏。所以，如何更好地与当地居民沟通交流，获得他们的支持认可；如何把本职工作做好，并帮学生获取社会上爱心人士的资助，都是需要思考的。

我刚去的时候就在想，我要给这些贫困的学生做点什么。作为一个学生，我没有社会资源，能否为他们拉到资助？我起初给自己定的目标是筹集 5 万元善款，当时就不遗余力地联系亲朋好友，也联系了厦大的一些社团、学弟学妹，还在网络平台上做宣传。我陆陆续续收到身边很多的好友、亲人给的资助，最后的帮扶成绩还是比较显著的，共募集了 7 万多元。

此外，支教这一年，我们需要打理自己的日常生活起居，做饭、洗衣服，锻炼独立生活的能力。然后便是团队间的合作，因为到了海原，除了队友，其他一切都是陌生的。如何与所有人配合，共同努力完成一件事情，需要我们不断培养默契。遇到的困难都是凭借我们的团结一致来克服的，大家就像朋友、家人一样一起生活，走到哪里都是一帮很铁的“哥们”。

采访组：支教这一年带给您最大的收获以及成长历练是什么呢？

李富贵：支教的经历直到现在都还在影响着我。对支教的感悟，我用四个关键词来概括：知足、感恩、责任和奉献。

首先是知足。回来之后，当我坐在厦大海韵学生公寓的图书馆里，我就想，这么好的环境和条件，我没有理由不努力，没有理由抱怨生活。这段经历让我更加珍惜当下的生活，像我的学生一样更加努力去走好人生接下来的路，为自己的梦想，为自己的生活，为自己的未来而全力以赴。因此那年我非常努力地学习，尽管刚回来有些不适应，但我努力克服心浮气躁，用功程度可能超过了之前四年的总和。我一直保持这种努力和感恩的精神，研究生期间发表了一些文章，有幸得到导师认可，获得了硕博连读的机会并且顺利毕业。自己一路走来，真的是印证了一句话：“未来的你一定会感谢当年拼命的自己。”

其次是感恩。我从我的学生身上得到了一种力量。当时我们支教结束离开的时候，他们叠纸、写信，尽他们所能来感谢我们为他们的付出。直到现在，他们有时候还会给我发微信或者 QQ 消息。这种“滴水之恩当涌泉相报”的感恩之情对我的影响很大：只有感恩的人，才能走得长久。作为社会上独立的个体，能够成就一番事业，一定需要身边的亲人、朋友、同事、领导甚至是陌生人的帮助和支持。

最后是责任和奉献。“被别人需要、付出被认可”，这种存在的价值感能让我们内心感到非常愉悦、非常满足。所谓“赠人玫瑰，手有余香”，奉献的过程也是对自我心灵的修炼。对我来说，选择支教就是用不到一年的时间做了让我终生难忘，甚至改变命运的一个决定。

如果当初没有去支教，没有改变我的心态和毅力，可能我根本就读不到博士，或许研究生毕业就工作了，也就不会有现在的我。一年时间说长不长，说短不短，但是可能会改写一个人的命运。

博士毕业时的李富贵

采访组：2012 年 8 月从海原回来后，您有没有想过再回去看看孩子们？有没有印象很深刻的学生，他（她）的近况如何？

李富贵：我没有再回去，中间我们有约过几次，但我一直在想，我需要再为他们做点什么再回去。我毕业没多久，也一直没有找到合适的机会。回去是肯定会的，希望早日找到一个合适的契机。

我博士一年级的时候，一个名叫蔡小渊（化名）的学生考到了厦大的航空航天学院。他来的第一天，我们在中山路逛街，我问他为什么想来厦大，他很直接地说，就是因为你啊。因为我有一节课讲的是厦大的陈嘉庚精神和自己在厦大的成长和收获，当时他才初三，他说在那时他就把厦大作为目标了。去年，他保送研究生去了天津大学，目前在读研究生二年级。我觉得这就是支教志愿者一直传递的梦想的力量，我们在他们心中播撒了一颗要努力奋斗、要关爱他人的“善”的种子。

采访组：厦大研究生支教团的发展是20多年来不断继承、延续的过程，第十二届支教团成员是否留给你们什么启示或帮助，你们又和其他届支教团之间有怎样的联系呢？

李富贵：传承和延续正是研究生支教团很大的一个优点。每一届去支教之前，上一届的学长学姐都会开一个座谈会，交流感受、收获，分享在生活、工作上的经验和需要注意的事项。当时他们也提供了很多资料，让我们更加了解当地，尽量避免犯错误。在支教过程当中遇到一些棘手的问题时，我们也会咨询学长学姐，他们都很耐心地帮助我们。当然，我们回来的时候，也同样把资料移交给下一届，跟他们分享我们的收获和体验。所以它就像一个接力棒，被一批接一批的成员传递和延续。

采访组：社会上对支教的质疑声一直存在。请谈谈您对于“形式主义”“估计就是镀金”“为孩子们开了一扇窗又接着关上”等舆论的看法，以及对支教意义的理解。

李富贵：对支教的质疑，我有听到，但是不多。社会上可能存在这样的舆论压力，但其实对我影响不大，因为我是去支教过的人，我知道支教的意义和价值。我在支教团的时候内心没有任何彷徨，而且我对于支教的过程有初步的印象，所以心理落差不会太大。支教结束后，我更觉得它是一种爱的力量，一种梦想的支撑。

我始终觉得支教是非常有意义的，这个意义体现在两个方面：一方面，对我而言，孩子们给予了我了很大的帮助。跟学生们相处一年，我觉得有时候是他们在帮我。那边的孩子真的让人心疼，小小年纪就已经非常懂事。从他们身上，我学到了吃苦耐劳、努力奋斗的精神。

另一方面，对我的学生而言，贫困的孩子得到了物质上的帮助和精神上的鼓励。我通过课程教学帮助他们，教授关于生理、心理健康的健康课，教他们如何应对生活和学习的压力，如何实现梦想。我有意识地给他们传递一些正能量，正确的人生观和价值观，因为十二三岁是塑造人生观、价值观的关键时期。曾经看到有学生在厕所抽烟，我就认认真真地备了一堂课，讲抽烟的危害。后来有一天，一个学生给我写了封信，他告诉我他通过这堂课意识到了抽烟的危害，于是把抽烟的坏习惯改掉了。我当时感到非常满足和开心……

那些孩子更愿意听支教老师的话，因为我们跟他们之间平等的对话让他们更乐于接受，因此我们给他们的鼓励和帮助能够发挥很大作用。某一天他们可能会突然想起某个老师曾经对他们说过某一句话，而那句话可能会触动他的某一个想法、某一个行为，那已经非常有价值了。我相信，这就是一种无形的力量，潜移默化，却还是会默默发芽、开花。

走上工作岗位后的李富贵

许震：于大山深处播撒美术的种子

“在与学校孩子们的接触中，看着他们一双充满求知欲的眼睛，我心里感到震撼,也有很多困惑。为什么头顶同一片蓝天，这里的学子们渴望学习却没有基础教具、渴望知识却没有老师施教？带着这些问题，我觉得我有责任用自己的微薄之力和学用才智，尽自己所能，帮助这里的学子认识自己，认识世界，实现理想。”

许震

采访对象：许震，厦门大学第十四届研究生支教团成员，曾赴宁夏海原县贾塘中学支教，担任该校音乐课、地理课和美术课老师。

采访组：张锐　卢昊　俞昊　李远超

采访时间：2020 年 8 月

采访方式：线上采访

采访组:许震学长，您好！ 可以请您介绍一下当时去支教的情况吗?

许震:2012 年 8 月，我印象很深，我们是在高崎站坐的火车。 当时，没有直达宁夏的火车，我们在郑州停了一晚。 整个团队很和谐，一路上好像走了四天。 一开始，大家也都没有特别熟悉，火车上玩玩游戏就都慢慢活跃起来了。 从郑州到宁夏，最明显的就是窗外风景的变化，一眼望去，全都是黄色。 到了银川，记得那个火车站比较有特色，是类似清真寺的风格。 我们所有在宁夏支教的同学集中培训了几天之后，我和金融系的一个男生就去了海原的贾塘中学，成为室友。

我们在宁夏支教了一年，我当时兼任音乐课、地理课和美术课老师，支教的过程中和当地的老师、学生都建立了友好的关系，到现在也还有联系。

采访组:能谈谈您当年前往宁夏海原县贾塘中学支教时的第一印象吗?

许震:第一印象就是黄土、秃树、乡间小道、尘土飞扬，无绿缺水。

众所周知，宁夏回族自治区中卫市海原县是联合国教科文组织认定为最不适宜人类生存的地区之一，是国家级的贫困县，贾塘乡又是海原县的贫困乡，经济落后，缺水缺能，资源匮乏。 我们从银川经过 7 小时的车程到达海原县，路上一直在爬山下山，之后再从乡间小道经过 2 小时的车程，到达贾塘乡贾塘中学。 一路上看到的是黄土高坡、落叶秃树、乡间小道与尘土飞扬。

初到贾塘中学已是秋季，而且没想到这个季节就下雪了。 贾塘中学应该算是厦大支教的 4 所学校中物质条件比较简陋的一所。 与其说这是所学校，倒不如说是一栋三层小楼外加几间石头房，学生宿舍就如同建筑工地的铁板移动房，几间石头房就是老师宿舍。 放眼望去学校除了大门外乡道上的几盏灯，再也找不到一处亮光。 但我倒也没有觉得难以接受，起码还有几家商店。

采访组：您在支教过程中有遇到什么困难吗？ 您是如何去面对的？

许震：首先是教学上一开始遇到的困难。 我是学美术专业的，当时让我兼任音乐课和地理课时很有压力，怕上不好课而影响教学质量。 后来知道因为严重缺编，这里的老师都是身兼数职，长期承担多门课程的教学。 于是我暗下决心，一定要担当起责任，把课上好。 于是在没有音乐和地理辅导教材的情况下，我当即与厦门一位中学老师联系获取资料；没有地图、地球仪，我让父母邮寄；没有教纲，我上网学习查询。 通过不懈努力，查找文献，积极备课，撰写教案，我不仅能胜任音乐和地理课，还能根据孩子们的需求提供个性化的学习指导。

其次是生活上的困难。 最让我们不习惯的是餐饮和洗澡。 那里早餐煮土豆，中餐土豆饭，晚餐土豆面，天天如此。 没有蔬菜，尤其没有绿色蔬菜。 任何用水都是用水窖里已经泛黄的水，包括饮用水。 洗澡一般是两周洗一次，还要乘三轮电车到县城去洗。 这些对于我们南方的人来说是一个不小的难题。

不过，在与学校孩子们的接触中，看着他们一双双充满求知欲的眼睛，我心里感到震撼，也有很多困惑。 为什么头顶同一片蓝天，这里的学子们渴望学习却没有基础教具、渴望知识却没有老师施教？ 带着这些问题，我觉得有责任用自己的微薄之力和学用才智，尽自己所能，帮助这里的学子认识自己，认识世界，实现理想。

采访组：您是学艺术绘画专业的，能谈谈您支教的课程及怎样将自己所学专业用于学生兴趣的培养与激发？

许震：说到兴趣、爱好，城市里孩子只要能想到，学校和家长都会尽力尽责、亲力亲为地满足，而贫困区的孩子就没有那么幸运。 在贾塘中学，由于长期师资力量有限，学校一直没有开设美术课，可在平时与孩子们的接触中，我发现他们之中有许多人画画的热情很高，兴趣浓厚。

为了让孩子们能够与城市孩子享有同等的学习条件和锻炼机会，我萌发了开设美术兴趣班的想法，这个想法很快就得到了校领导的支持。我先设计开班方案，选址备课，接着就利用大量节假日时间，到省城购置画板、画架 30 余套，自制画册等。在校领导的关心支持和自己的努力下，终于在年底开设贾塘中学的美术画室，实现了孩子们学习专业美术绘画的夙愿。开班以后，孩子们报名踊跃，为了满足孩子们的兴趣又不影响日常课程的学习，我在保质保量完成日常教学任务的同时，利用课余时间为孩子们讲授绘画基础知识。

苦是有点苦，累也是有点累，但每当看着孩子们学习美术的兴致很浓，画卷中透着阳光、健康的朝气；看着他们的潜力得以施展，绘画才干得以发挥，我就感到无比地欣慰和自豪。

采访组：听说厦大支教团队成员都为各自支教的学校和学生进行了募捐。能谈谈在募捐期间，给您留下印象最深的人或事是什么吗？当看到捐款对孩子们的帮助时，您又是怎样的心情？

许震：记得刚开始上绘画课时，有不少学生都没带笔和纸，我纳闷地问一名学生这是什么原因。他说：“家里穷，来学校读书时买书和本子的钱都是全家人省下来的……我来上绘画课，是因为很喜欢。我就听老师您讲，看老师您画就知足了。”听着听着，我眼睛湿润了，感到很惆怅，他们的要求真的不高呀！

为了满足他们的学习欲望，我毫不犹豫地把自己平时从生活费里节余下来的钱，为 300 多名学生添置了学习用品，购买了 50 个篮球。另外还与其他队员们一起在网络上广泛宣传发动，呼吁全社会爱心人士关心、关爱贫困区学生们的学习、生活；帮助、支持贫困区学校的建设、发展。经过大家共同努力，我们解决了学校暖气管道的维修、活动操场的修建问题，帮助学校和全体师生克服了最棘手、最实际的困难。所以每次去贾塘的学弟学妹都会听到那位校长提起我，拿我当例子。老师们也都挺感激我的，我走的时候隔壁的老师就泪流不止，到现在我们还有联系。

采访组：听说您支教的学生中有几位都考上了大学，能谈谈您与他们相识的过程及给您留下最深刻的印象是什么吗？

许震：在贾塘中学任教期间，我除了将自己领会的新课程理念在备课和课堂教学中渗透，还主动参与到学生的课后督学工作中。

令我印象最深刻的是几位贫困学生，他们虽生活简朴但刻苦攻读。在支教期间，我在学习和生活上尽我所能给予帮助，支教结束后也依旧鼓励他们“怀揣大学梦，一路向前行”。虽说生活处处面临挑战，但是他们依靠坚定的信念和强大的意志，最终实现了他们的大学梦。当隔壁班老师告知我班上那几位同学考上大学时，我激动地落泪了，那泪水中除了祝福外，还饱含了对他们求学之路苦涩与心酸的认可。希望更多贫困地区的学子能拥有平等的教育资源，让他们了解外面的世界，成为一个有理想、有信念的人，从而构建美好生活的蓝图。

采访组：能谈谈支教结束时，您与老师和同学们分别时的场景和心情吗？

许震：时间真快，转眼一年就过去了。我对贾塘中学及师生们的感情已从开始的初步了解到之后的完全融入。海原县虽然条件艰苦，但孩子们不惧困苦、坚强向上、朝气蓬勃，在他们脸上看不到丝毫的自卑，反而是充满憧憬和自信，给予了我无穷无尽战胜困难的力量，也许这就是求知欲带给他们的活力吧！

我很庆幸自己能与贫困地区的孩子们零距离接触，亲身感受他们的纯朴和可爱；很珍惜与贾塘乡民、老师和孩子们建立的深厚感情，陶冶净化自己的情操和心态；很感谢厦门大学给予我一次难以忘怀的锻炼机会，丰富我人生的经历和正能量。这些财富将引领着我在今后的学习、工作和生活中不畏艰难，不忘初心，勇往直前。

采访组:据说您支教回来后仍与当时隔壁班的老师有联系，能否讲一下两位的联系内容呢?

许震:在支教期间，我常与隔壁班老师交流讨论、总结经验、促进教学，突破了以往所学理论知识和教学实践的局限。从贾塘中学支教回来后，心里最挂念的还是那些可爱的学生们。我积极与隔壁班老师保持联系，了解贾塘学子们的学习与生活状况。

采访组:有一回，厦大另一批支教队的学弟转交了您曾支教的贾塘中学学生给您写的信，您能否谈谈当时的心情及信上的内容?

许震:下一届支教队员返校时给我带回了贾塘学生们写给我的信，当我读到那些信时非常欣慰。信中他们告诉我这一年里他们的学习与生活上的经历，以及对未来的憧憬与对我的想念。

支教让我看到了西部贫困地区与沿海开放城市之间的区别，看到了贫困地区孩子们生活多么艰辛，学习条件多么简陋，但是他们依然微笑面对，生在城市幸福花园的我们应该有所反思。希望更多的有志青年能投入到西部贫困地区，参与西部地区的建设，为祖国的繁荣昌盛贡献自己的一份力量。

贾硕：在支教过程中体会传承的力量

“虽然每个人都觉得自己贡献了很大的力量，但我们就是大海中的一朵浪花。无论一个人有多大的能量，也只能在这里待一年。可当支教成为一种传承性的活动时，它就能形成滔天巨浪。”

贾硕

采访对象：贾硕，1989 年 7 月生，内蒙古呼和浩特人。厦门大学第十五届研究生支教团队员，2013—2014 年在宁夏海原县关桥乡关桥中学开展支教工作。2017 年硕士毕业于厦门大学，现为华侨大学经济学院辅导员。

采访组：吴港飞　陈思羽　梁文旭

采访日期：2017 年 8 月 15 日

采访地点：厦门市 SM 城市广场星巴克咖啡厅

采访组:贾硕学长，您好！ 我们了解到您作为第十五届研究生支教团的成员，于 2013—2014 年赴宁夏海原支教，请问您当初为什么会选择去支教呢?

贾硕:每个人的出发点可能不太一样，对于我来说，给我做出支教决定带来比较大影响的是张秀丽老师，她是我大学的辅导员，也是厦门大学第一届研究生支教团的队员，我当年读书的时候担任班长、文娱委员等学生干部，跟张老师接触比较多。 在学习交流之余，她给我讲述了她的支教见闻，给我带来了很深的影响，对我后来选择支教有很大的推动作用。

采访组:您在支教前有没有详细了解过海原的情况呢? 也请您讲讲刚到海原时对它的印象。

贾硕:当确定要去支教以后，我只是大致了解了一下，了解得不是很深。 我们主要从信件、电视和以前的老照片了解它的一些情况。 照片里面还是那种坐牛车才能到的学校，我觉得这么多年后情况可能有好转，但应该也蛮艰苦的。 然而实际到达后，情况比我想象中的要好很多，有楼房和国道，住宿是当地的学校给我们安排的，条件还挺不错，国家定点扶贫政策与一批批援宁干部的努力很好地促进了当地的发展。

采访组:到达海原以后，你们是怎么分配工作的呢?

贾硕:我们当时主要在县里的海原一中、回民中学、贾塘乡贾塘中学以及关桥乡关桥中学开展支教工作。 因为关桥乡只有一间宿舍，所以安排我、朱伟峰和吴家兴三个男生去了关桥。

采访组:支教过程中，您的心态有发生什么变化吗?

贾硕:一开始主要是因为年轻时的热血，想要做一些不一样的事。 等到了当地，真正开始工作，接触到当地的学生、乡民，心态就发生了一些变化，我就感觉这里需要我们，所以我们来了。 对于这里的孩子来说，我们讲授的是很特别的内容，他们能通过这种方式很好地了解外面的世界。

等支教快要结束的时候，我总结自己这一年的经历时，就觉得我们来支教不仅是因为他人的需要，还是为了自身的传承。虽然每个人都觉得自己贡献了很大的力量，但我们就是大海中的一朵浪花。无论一个人有多大的能量，也只能在这里待一年。可当支教成为一种传承性活动时，它就能形成滔天巨浪。我想传承才是支撑我坚持下去最重要的部分。目前前往宁夏的已经是第二十二届支教团了，22 年对这里的影响是巨大的。

采访组：每个支教团成员都做了很多工作，您印象深刻的有哪些事情呢？

贾硕：我们当时为一个小学的地面硬化筹集资金，一共募捐到 2 万元。那是非常小的村里面的小学，小学里面只有一个老师，他一个人带六个年级。他们的操场没有翻修过，一下雨就泥泞不堪，厕所也是土坯的。当时我们去翻修操场，用砖硬化，然后把厕所改造成水泥的。

我们都有参与这个活动。我们主要的工作是把募捐的东西赠送给他们，带他们做活动，开展第二课堂。当时硬化做好了以后，所有队员一起过去，带着那些孩子一起玩游戏。对于这样一个小地方，老师对他们来说很神圣。

当时我们一块儿玩丢手绢，有个孩子他拉肚子了不敢讲，他一边跑，一边拉在裤子里。我坐在边上，刚开始的时候没发现，直到他跑的过程中，裤子湿掉了，我才发现他拉肚子。他也想玩，好不容易能参加这个活动，跟老师一起玩儿，所以他就不敢说。当地的老师发现后就批评了他，然后带他到厕所里去。我们就赶快给他找纸，大家凑好纸就都给我。我进厕所以后触动还蛮大的，那个老师就让那个孩子把屁股撅起来，从旁边扒了一块土坯就给他擦，我说不要不要，这个太脏了，他说没关系，他们这边就是这样。弄完了之后孩子身上全是黄泥，然后老师让孩子自己回去收拾了。我当时就觉得这个地方，从生活的细节上体现出来的困难是很多城市的孩子没有办法体会到的。

采访组：我们了解到您当时是有帮助关桥乡一名叫陈小娟（化名）的孩子，能和我们讲讲具体情况么？

贾硕：陈小娟的事并不是我一个人在做，支教团的所有成员、当地的老师、学生以及厦大的师生都参与了这个过程。陈小娟并不是我班上的学生，当时我替一位老师代课，她写了一封求助信，讲述了她遇到的困难。陈小娟是常发性的头疼，右半部肢体行动不便。接到这个求助信后，因为我们对医疗资助方面不够了解，当地医疗资源也比较匮乏，我们支教团内部就展开了讨论。当时我很坚定想要帮助她，其他队员也很支持，经过讨论，大家决定一起合作。

陈小娟家有七个孩子，她排行第五。因为是超生，她就没有医保，看病的钱全都得自费，所以我们就想先给她落实医保的问题。我当时带着她到县里面办理医保，陈小娟确实不符合办医保的条件。我那个时候有点初生牛犊不怕虎，就去跟工作人员讲这个孩子的具体情况以及我们遇到的困难。由于我们支教老师的身份，工作人员很重视，他就跟上级领导汇报。领导详细地了解了具体情况后，与我们进行了交流，最后帮助陈小娟落实了医保。

落实医保以后我们就想着带她去看病，需要先解决医疗费用问题。当时一共募捐到了几千块钱，我们就先带她去做检查。我们先去了县医院，县医院的设备检查不了，要去黑水医院才能检查，我们就又去了黑水医院，黑水医院的医生说陈小娟这个情况是不能治疗的，孩子有点失望。去黑水医院看完之后，治疗就进入了瓶颈期。

后来听说北京 301 医院能治，我们就打算带她去北京 301 医院看病，但还是要解决费用的问题。这个时候，我们跟母校厦门大学联系了很多次，讲述了我们遇到的困难，学校最后给校团委专门拨了一笔经费，给陈小娟捐了 2 万块钱。

医疗费用问题解决以后我们就动身去北京了，当时是我、小娟，还有小娟的父亲三个人一起去北京。通过队员的导师联系上了301医院的一位医生，到301医院诊室找到了那位医生，医生说你这个情况，没办法治好，你们也不用看了，就回去吧。五分钟就从诊室出来了，我就有点儿接受不了。当时作为孩子的支柱，我都有点崩溃了，更别说孩子了。第一次治病就这样草草结束了。

第二天，小娟的爸爸来找我谈话，跟我说孩子受的打击有点儿大，觉得之前是抱着很大的希望去的，结果五分钟就出来了。我当时也是有点不甘心，我们就到医院挂号，花了几天才挂上号。在诊室见到了医生，我先给他讲了我们的故事，讲了我是厦门大学的支教老师，不远万里把孩子从宁夏海原带过来等。当时找的是一位很年轻的医生，他很受触动。然后他就找他们主任，给孩子做了一个会诊，给她开了一些药，这些药是起复健作用的。直到这个时候我才了解到孩子是先天性小脑萎缩，只能进行一些康复治疗。做了一些康复治疗后，小娟的病情也得到了有效控制，孩子也觉得有治疗过，与在北京第一次看病的心态就不一样。

这就是陈小娟治疗的整个过程。我参与整个治疗的感受，就和《这条小鱼在乎》的故事一样。这是我们支教队的一个具有传承性的故事，我们的支教精神在陈小娟身上得到了很好的验证。她就像那条小鱼，对于你来说，你只是在海滩上抓起她，把她扔回海里，但是对于她来说，这可能就是她人生中最重要的一件事。像陈小娟这种情况，在当地非常多，你可能没有办法帮助所有人，但是你多做了这个工作，就能很大程度上帮助她个人以及她的家庭。

采访组：请您给我们讲一讲，您离开海原以后，还与她保持了哪些联系？

贾硕：后来的联系也没有那么频繁，她有的时候给我发信息，讲述她生活中的一些事情和遇到的烦恼。2017年的时候，她正在读高三，家庭遇到了一些困难，学习压力加大，她十分焦虑。但是我离开了以后，我能给她的帮助是比较有限的，距离那么远，很难帮到她。我先跟第十九届的支教队员沟通，希望能再帮我关注一下这个同学。他们了解到了陈小娟的事也联系了我，那个时候我刚工作，我就在办公室里给她录了一段 VCR，他们也给陈小娟录了一段 VCR，我们做了这个活动跟她联系。

曾经我也在思考陈小娟的事，在想我还能怎么帮助她，然而我发现当我不再有支教教师这个身份以后，对她的帮助就比较有限了。那个时候就是因为这样的一件事，我体会到了传承的力量。一个人的力量是十分有限的，可当这种力量成为一种传承性的活动时，它会变得无比强大，所以我想我最大的价值可能就是成为这个过程中的一个传承者。

采访组:您觉得支教给您的收获是什么?

贾硕:我支教结束后再去学习，对于学习的态度有了很大的转变。支教的经历很重要，对我的影响很大。我刚上大学的时候会有一些散漫，大概是没有压力，找不到奋斗的目标。去了海原以后，我觉得我在那一年的生活非常充实，收获了很多。那个地方很单纯、很简单，但去了以后我感觉压力真的很大。既然我有压力，我会觉得一定要收获更多。我印象很深，当时我每天早上都会早起跑步，如果没有课我就要去琴房练琴、备课、学英语，比在学校上学的时候还要自律。一年下来，我收获了很多，其他队员们也都是一样，每个人在那个地方的收获都比付出要多。

采访组:谢谢您讲了这么多，这么精彩，让我们很好地了解您当年支教的经过，也深受触动。您能给想要和您一样去支教的大学生一些建议吗?

贾硕:我觉得既然来了，就要做一些不一样的事。如果说你们有机会走上这条路，就不要辜负这段时光。

刘倩：守得初心，方见月明

一次捐献造血干细胞的特别经历，让刘倩探寻到了公益事业的意义，因此，当她听说学校组织研究生支教团项目时，就毅然签下了自己的名字。在海原，她陪学生度过日日夜夜，倾听他们的心事，引领他们看见更广阔的世界。当被问及感想的时候，她笑着说："我对支教这样的公益项目很有信心，因为我知道，我不是一个人在行动。"

刘倩

采访对象：刘倩，厦门大学 2010 级材料科学与工程专业本科生，厦门大学 2015 级软物质与功能材料专业研究生，曾作为厦门大学第十六届研究生支教团成员前往宁夏海原县支教。现就职于深圳 TCL 华星光电技术有限公司。

采访组：毛语晨　曹湔扬

采访日期：2020 年 8 月 16 日

采访地点：广东省深圳市

采访组：刘倩学姐好！ 请问是什么让您萌发了去支教的想法的？

刘倩：我老家是贵州，小时候会有别的地方的哥哥姐姐去我们那边，当时很向往他们在做的事情。 自己上了大学，也想去看看其他地方生活环境是怎样的，开阔自己的视野，也体验一下生活。

学校有社会实践和西部梦想社团，每年暑假都会组织支教活动。 大一的时候自己还不了解，大二的时候因为家里有些事就错过了，大三也有其他的活动，就一直没有成行，当时觉得特别遗憾，很想去支教。 大四的时候特别迷茫，准备找工作或者读研，那个时候就了解到学校有研究生支教团的项目，与我想做的事情不谋而合。

采访组：我们了解到，学姐您在大学期间就参与了很多志愿者活动，请问您对志愿者是怎么看的呢？

刘倩：我刚上高中的时候碰到了汶川地震，那段时间一直观看电视上的赈灾新闻，印象非常深刻，当时我就很想加入他们。 高一我就立下了学医的目标，虽然后面没有去学医学专业，我也很关注医学相关的事情或者身边能参与的一些活动。 汶川地震的时候有听到号召献血的宣传，我觉得这个事情离我很近。 刚满 18 岁时，我就去献血了，当时也加入了中华骨髓库，大三的时候捐献了造血干细胞，这件事让我整个人发生了明显的变化。

我想为社会做一些事情，比如学校的志愿者活动，或者去红十字会做志愿者，并不是做了一些事就没有以后了，其实它们都可以成为一个比较长期的事情。

采访组：学姐可以向我们介绍一下海原吗？

刘倩：海原是贫困县，但是如果外地人来，并不会觉得这里很穷。 因为其他地方的捐款等所有的援助，都会用到基础设施上面。 比如有的人捐了 10 万块钱，会想着建个操场或者图书馆，这些设施都会有。 当地学校的硬件条件都很好，教室也是多媒体教室，黑板拉开是电子屏，比我以前的条件都要好，这只是肉眼能看到的一方面。操场修得很好，教学楼修得很好，设施很好。

可他们更需要软件上的关怀。很多学生不回家，一两个月才回去一次，平时就住在学校。10多个人一起住，做作业就用小台灯，屋子里面环境也不是很好。北方的冬天能达到零下二三十度，有的学生的床垫就是一层床单，或者有的人连床垫都没有，只是几件厚衣服铺在上面。

采访组：学姐所说的软件上的关怀是指什么呢？

刘倩：我觉得我们需要站在学生的角度着想——他们更需要精神上的关怀，比如说一些有用的课外读物，如杂志。学生们其实很愿意听这些新鲜的事物，我一般上课的时候，就很喜欢跟他们讲一些我的经历。

有一些很爱学习的学生，他们想要去借书看，但是学校图书馆里的藏书很少，种类也很少，如果遇上很乐意看书的同学，可能一个学期就借阅完了，他们就只能去看课本。我的班里有一个同学，他很喜欢找我聊天，听我跟他讲一些小故事。他也很喜欢去找别的老师聊天。

我觉得他们缺乏精神上的帮助。我去支教，也只能尽我所能地为他们提供更多更丰富的学习体验。

采访组：您所在的班里有没有让您印象深刻的学生呢？

刘倩：有的。我认识一个小孩，他的家庭情况特别糟糕，父母离异，他妈妈基本上瘫痪在床。他周末的时候会去饭馆帮忙端盘子，饭馆会每周给他50块钱，并且每天提供早餐——他才上初一就得支撑起一整个家。

他的成绩挺好，学习不甘落后，所以他早上五点多就起床，去饭馆端一点粥给妈妈送过去，照顾完妈妈就赶紧跑去学校。中午又得赶紧去店里给他妈妈打饭，晚饭也是如此。晚上打饭回到家，然后赶作业，再给妈妈按摩，每天都快凌晨才睡，天没亮又得起床，日复一日。你问他苦吗？他肯定会告诉你他不苦。

采访组:那后来情况有改善吗?

刘倩:我们知道了他的状况后，就为他联系到了资助人，那位资助人愿意一直资助这名学生上大学。我很久没回去了，他也没有手机，所以也不知道他的现况。总之，我觉得他真的是小小男子汉，我真心希望他现在能过得更好。

采访组:学姐在支教的过程中，会不会怀疑过自己为什么要做这件事情?

刘倩:会的，你在那边待久了以后，会发现这个社会上很现实的事情很多。像我上面提到的小男孩肯定并不是只有他一个，还有一些我没有提到的，也有更多我没有见到的。

但是我们支教团流传着一个《这条小鱼在乎》的故事。我不知道你们有没有听说过，这个故事的内容大概是，海啸过后，有很多小鱼被遗留在沙滩的水坑里，然后就有个孩子把鱼一条一条地捡起来扔进海里去。旁边有人说:“那么多鱼，你能捡多少条? 你能救得完吗?”小孩就一边捡一边说:“我不知道我能救多少鱼，但是我救的这条小鱼，它在乎；那条小鱼，也在乎。”

全中国有那么多需要被帮助的孩子，我不知道我能够帮助多少人，但是只要我看见了，我就觉得我能帮助到他。况且，我也不是一个人在行动，我相信会有越来越多的人加入进来。

采访组:学姐可以谈谈自己在海原支教的收获吗?

刘倩:当然。我先讲一件我自己经历的小事吧。

我其实去到海原支教之前，没有很明显的心理负担，直到我像个真正的老师那样，在办公室坐着的时候，同办公室的另外一位老师来请教计算机的一个问题，当时我不会，但是他不认为我不会，觉得我应该很有能力。因此，如果我没有教他，他会不会觉得是不愿意教他?

这的确是一件小事，但让我意识到在这样的情况下必须得逼着自己，让自己想办法去做成这件事情。这是让我觉得从学生到老师，甚至是从学生到社会人的一个很关键的心理转变。

采访组：所以学姐会觉得自己不断地在这样的小事里成长，对吗？

刘倩：是的。我在去支教前，我的朋友、老师、家长都觉得我只是个学生，做什么事情都会包容我。但我在支教的时候，我给自己下的目标是——我不只是一个学生，我是一名老师，一名志愿者。

我要求自己要做好每一件事情，要做到三思而后行。尽管有时也会思考为什么我要给自己加这道枷锁，但是，在给自己限定了规矩之后，做事情确实就会深思熟虑，不再那么冲动。

比如，我想要找到一个人来资助我班里的学生，首先我会想这个小孩愿不愿意、家长愿不愿意、资助人愿不愿意；其次，这个资助人的目的是什么、他想让学生达到一个什么样的水平、学生有没有这个能力；最后会想，自己在这件事情上需要扮演什么样的角色才是合适的？

支教给我最重要的就是看一件事情要从多方面了解和评估。一件事情就像一个球一样，需要被你滚来滚去，才能看清它的不同方面，久而久之，就习惯成自然。因此我觉得对于当时性格比较冲动的我来说，支教是一个很好的锻炼机会，让我重新认识了自己。直到如今，支教带给我的启示仍旧对我产生积极的影响。

肖若澜：一年宁夏行，一生支教情

“支教给了我站在讲台上的机会，第一次有那么多双眼睛看着我，学生们的眼里对我充满着好奇和期待，这是我从来没有遇到过的事情，他们对我的这一份信任和欣赏，我会一直铭记下去。看到在台下坐着的那些孩子的眼睛里闪着难以掩饰的光辉，我感到充实而欣慰。”

肖若澜

采访对象：肖若澜，厦门大学人文学院2016级中国语言文学系硕士研究生。2015年前往宁夏回族自治区海原县海原回民中学支教一年，现任教于深圳市南山区赤湾学校。

采访组：陈利萍　胡欣怡　林瀚

采访日期：2020年8月4日

采访地点：厦门大学

采访组：您能给我们简单介绍一下您支教的基本情况吗？ 还记得当时报名支教的流程和准备工作吗？

肖若澜：2015 年我去宁夏海原回民中学支教了一年。 当时辅导员下发支教队员招募的通知，我考虑了一下就报名了，并把相关资料提交给校团委。 经过校团委的资格审核后，进入选拔环节，通过层层考核总算加入支教的行列当中，我们那届一共有 18 名队员。

支教开始前，校团委会给大家安排系列培训。 最开始是我们在厦门大学附属科技中学参加培训，每天跟着科技中学的老师去上课、组织活动等，大概持续一个月。 培训之后学校还开展了一系列讲座，邀请之前的队员给我们介绍当地的风土人情、紧急情况的处理等。 校团委的老师还会组织专场培训，完成之后会根据支教队员的情况，将我们分配到各个中学。

到了学校之后，我发现并不缺老师，而且教务处没有给我安排教学科目，所以我就主动要了一节空课来教初一年级 8 个班的英语口语。 同时我还负责助学工作和队内的宣传工作，制作了 3 期支教简报，撰写的微博文章也曾被厦门大学、厦门大学团委官微转发。 我认为比较有成果的有两个方面：第一是学校建设。 一年以来，我为所在的回民中学拉到了 5 万～10 万元的资助金，比往年有一定的增长。 我们还和厦门大学建筑与土木工程学院的研究生会合作，一起为海原回民中学捐赠了一批爱心图书。 第二是宣传方面。 当时我们第一次把《这条小鱼在乎》发到了厦大研究生支教团的公众号上，就获得了 7000 多的点击量。 在当时的环境下我又根据自身的支教工作写了一些支教和家访的见闻，也获得了一定的关注。 这些工作都能起到宣传的作用，让资助人看到这里的孩子们的生活环境和学习条件，也能引起更多人对孩子们的关注，这是很有意义的。

采访组：请问您参加支教的初心是什么呢？

肖若澜：参加支教的初心，有一部分是出于自己的原因。 我小时候在县城长大，我的爸爸在大城市里面工作，全家聚少离多。 有时候我看到留守儿童的新闻，就会觉得自己的经历和他们有一点像。我想如果有人能够真心地对他们好，那将能够给他们带去一段很快乐的时光。其次，我没有在乡下生活过，我也会好奇，像我爸爸这样在乡村长大的孩子的生活是什么样的？所以，我希望通过这一年的支教对留守儿童和乡村生活有更多的了解。

此外，我从高中开始就被公益的新闻吸引，被新闻中那些不断为偏远地区的孩子带去温暖的人和事触动。我在大学时代做了一些公益活动，比如爱心包裹募捐、去厦门的打工子弟学校上校本阅读课等，这些实践经历让我觉得，做公益是蛮有成就感的。当我用自己的努力换回一些价值时，我就觉得非常开心。所以，我也愿意花一年时间专注地做公益。

采访组：您谈到公益这一方面，在很多人看来做公益可能跟他们没什么关系，您能谈谈您对公益的理解吗？

肖若澜：对于我而言，公益其实是一种创造道德价值的事情。我觉得做公益的人是对自己有要求的，虽然说他们能够去做的事情很有限，但在这个过程中，他们觉得自己的人生很有价值。在这个世界上，许多事情不管是伟大的还是平凡的，它都可能和我有关。只要我朝那个方向去努力，我帮助的孩子获得关注了，学到知识了，那么花几年时间去为他们努力，我觉得这是一种无憾的价值，一份为大家服务的精神。

采访组：您初次到达支教地之后，理想与现实中的支教生活有没有一些差距呢？能给我们介绍一下当地的情况吗？

肖若澜：理想中的支教生活，可能会更加艰苦吧。当时我看了一个纪录片，讲述了卢安克去中国的乡村小学支教的故事。画面里，卢安克和小朋友们在操场上玩，那一片操场就是一块空地，什么都没有，卢安克就住村长家，卢安克自己也很穷，生病了没钱住院。当我亲自到海原，发现现实中的支教生活没有想象中苦，因为县城的商业街、各个学校的硬件设施都挺好的。但具体了解了每个孩子的情况之后，发现那里还有许多苦学生。比如成绩很优秀，在父母离异后没有受到关爱的孩子，姐姐和弟弟自己照顾自己长大，以及冬天没有暖气的残疾人家庭。孩子们生活虽然苦，但他们很努力，很乐观。同时他们也有着城里孩子想象不到的快乐。家访的时候，看到一个小男孩骑着一辆破破烂烂的自行车，在乡野里飞驰，仿佛这整片金黄色的土地都是他的，整个世界都是他的。支教生活也有许多这样的美好，令人感到知足和快乐。

对于我自身来说，适应大西北还是需要一段时间的。刚去那边的时候，我也会经常去看看风景、品尝小吃等。慢慢会觉得那是一个很幸福、安逸舒适的小县城。

采访组：请问您在支教过程中最大的收获是什么？有什么记忆犹新的经历能和我们分享一下吗？在支教的过程中遇见了哪些困难，又是怎样克服的呢？

肖若澜：工作中，我最大的收获应该是认识这一群可爱而靠谱的孩子们。印象比较深刻的是，在大冬天的时候，有一个初一的学生，她家没有热炕，也没有暖气，而且她的父母是残疾人，但是整个家庭给我带来一种很阳光、很积极的感受。她还有一个姐姐，一边工作一边照顾家人，她的成绩很优秀，因为她很努力。当时看到这样乐观坚强的一家人时，我们就自发给她联系了一个每月 100 块钱的资助，在所有贫困学生当中这个资助金额应该还算比较高的。小孩子也很懂事，非常懂得感恩，她主动找我要了资助人的联系方式，然后对我说她想写信感谢一下他们。当我把一些资助人捐的衣物拿给孩子们的时候，这个学生的姐姐还说："你们这样的活动真的挺好的，以后有机会我也要去做这样的事情。"还有些孩子说："以后我也要像你们一样去支教。"也就是说，我们的行为不仅帮助了他们，其实也是把爱心的火炬传递下去。他们看到了我们正在做的事情会觉得很有意义，以后也愿意成为主动帮助他人的人。

资助人所做的事也使我备受感动。厦门有一位老师，他年年都会集结他身边的人，给海原县的中学捐助3万～4万元，已经坚持了好几年。在我联系他的时候，他很耐心，得到需要资助的消息就说好，很快就打钱过来了。这说明了不仅是我们在做这件事情，还有很多人在关心贫困地区，也在坚持通过各种途径伸出援手，我觉得特别暖心。

在学习方面，那里的小孩都比较刻苦。他们在上课时会非常认真地听讲，下课了会向我借教案来补充笔记。有些孩子家在乡村，可能一个月就回一次家，周末在学校学习，少回家一部分原因也是为了省钱。平时在学校里，早上天还没亮，很多孩子就起来到操场上晨跑或早读。我经常在早上看到那些学生坐在操场的台阶上，手捧着书大声地诵读。他们志向也很明确，会说自己一定要考上银川的高中，一定要读大学等。

在见到这些孩子们之前，我心里总是抱有一些不切实际的幻想。见过后，即使后来支教结束了，但那一份感情留在了心里，也留在了那里。这是一份跟这些宁夏山区孩子们的纯洁友谊。他们的笑容很动人，他们毫无保留地喜欢你、欣赏你。在课堂上，他们一个个都是挺直了身板，非常大声、响亮地跟着你练习发音、练习口语，下课的时候就全部朝你涌过来，向你问好、聊天，热情洋溢地介绍着自己。那个画面，每当回想起来，都十分感动，这些人与事才是最大的收获。

其实，还是有特别遗憾的一点。支教时我觉得自己应对团学、助学这方面的工作能力还是有限的。如果我经历了几年教师的工作，对班主任工作、团学和教学工作都有了比较充分地熟悉和把握之后，再去做支教工作，也许能把它做得更加有声有色、有滋有味。但遗憾的是，那一年我没有更多的想法，仅仅是把自己分内的工作做好。

采访组：看来您与孩子们之间有频繁的互动，能说说您在教这些孩子时总结的一些教学心得和相处之道吗？当遇到处于困境中的学生，您是怎么开导和帮助的呢？

肖若澜：如果小朋友比较害羞的话，我一般都是采取鼓励的方式，会说："你好棒啊！ 你说得可好了！"他们还是比较活跃的，因为一个来自厦门的老师，对他们来讲是非常有新鲜感的，一进教室大家马上就问开了。他们学习压力也比较大，因为那个地方种田、放羊等的收入也不高，所以当地人都希望小孩能够通过读书改变自己的命运。 我觉得这是我们作为一名老师要去做的事情，鼓励他们坚持下去，不要放弃。

支教中我印象比较深刻的是，当时有一个海原三中的孩子，父母离异而且对他几乎不管不问，他和兄弟姐妹就一起住在出租屋里，当时用的还是火炕，他们冬天的时候不太注意，火炕着火就把他们的屋子给烧了，整个房间里的东西都烧没了。 我们随后联系到一些资助来帮助这个孩子。 他们很自立，重新整理了自己的房间，在亲戚的帮助之下，解决了这件事情。

采访组：支教回来以后还会和支教地的学生保持联系吗？

肖若澜：每年都有一两个学生联系我，像今年疫情期间还有学生说："老师，我高三了，还记得我吗？ 我一直记得你。"这确实还是蛮感动的。 我记得当时走的时候，有些同学就会主动要我的联系方式。 有个孩子说："老师我可以认你当姐姐吗？"这个学生后来考上了银川的高中，非常优秀。

还有一个孩子，他第一次高考觉得不满意，选择复读。 在他复读期间我一直跟他保持联系，得知他家里不太支持他复读，复读生也没有了一对一资助，我就请当时的支教队员去帮他联系资助，希望他能安心地复习参加高考。

采访组：您是如何看待一年支教对自身的影响呢？ 经历了这一年的支教工作，您认为支教对之后的职业规划和生活产生了哪些影响呢？

肖若澜：可能你会觉得，如果以后不当老师，也许对以后的工作的作用没有那么直接。 但在支教时期，我有一个伙伴，他现在是律师，参加过一个演讲比赛，讲的就是支教时的故事，最后拿到一等奖。 所以我觉得有这样一段经历也是对自己的工作有所帮助的。

在支教的这段日子里，学生们带给我的影响还蛮大的。支教给了我站在讲台上的机会，第一次有那么多双眼睛看着我，学生们的眼里对我充满着好奇和期待，这是我从来没有遇到过的事情，他们对我的这一份信任和欣赏，我会一直铭记。我现在是一名老师了，我也希望，在我未来的工作中，我可以不辜负学生们的信任，看到在台下坐着的那些孩子的眼睛里闪着难以掩饰的光辉，我感到充实而欣慰。我觉得自己收获了一份真心和感动。走的时候自己也是忍不住哭了。孩子们很真诚地在听你的告别的话语，一起大笑拍照，真的很开心。

采访组：对于生活在这个物质相对来说比较富足时代的大学生，他们可能对于贫困地区的孩子因物质匮乏遭受的窘迫没有什么深刻的体会，您觉得他们能够做点什么？

肖若澜：如果说想要去支教，或者是做跟公益相关的事情，同理心是很重要的。不要太过于关注物质这一方面。如果这个家庭是家境还可以的，那我们就把他们当正常的朋友去对待就好，同时要相应地多维护一下这些孩子们的自尊心。有一个小细节我记忆深刻，快放暑假的时候有一个小孩跟我说："老师，这个暑假我要去帮自己的爸爸妈妈摘枸杞。"这件简简单单的事情，他真的是将它作为一件非常自豪的事情来跟我说的，我也为他感到骄傲。而当时的我第一反应却是："哇，你很优秀，但是呢，你还是要以学业为重啊。"我觉得还是要以一个朋友的心态去对待他，既然他是很自豪地对你说，那你就鼓励他、给他点赞，让他知道做这件事情是非常有孝心的，充满了正能量。

采访组：厦门大学研究生支教团的项目每一年都在传承，给当地的文教事业带来了很大的改变，您能够从当地支教的学校感受到这一点吗？

肖若澜：支教的故事每一年都在延续。我印象比较深的是有一次当地的老师和支教队员们一起吃饭，那里的老师说他们小时候读书时，厦大就有支教队员过来了。他们觉得厦大一直在关注这里，而且不断有支教老师过来。一年宁夏行，一生支教情。这就是一种深厚的友谊和缘分。他们虽然表达得不多，但是内心很感激。

采访组：您对新加入研究生支教团的志愿者有什么寄语和期待吗？

肖若澜：一年的时间真的很短。我希望，大家在这一年里要抓住机会锻炼自己，为西部的孩子们好好服务。只要你努力坚持，只要你付出，总能创造一个意想不到的未来。

高超：于务实中求真知

穿越三千公里，高超将自己的一年青春留在了辽阔的内蒙古大地上。“积跬步以至千里”，在额济纳旗，高超以务实的态度先后完成接力“科技工作室”、创设“影像班”等支教工作，并策划了厦大学子和额旗学子之间的“传旗一厦”书信往来活动，深受师长、同事与学生认可。如今，他已经完成从支教老师、南强学子到人民公仆的身份转变，而在这一过程之中，厦大校歌中的那句“充吾爱于无疆”是他始终坚持的信条。

高超

采访对象：高超，厦门大学软件学院 2012 级本科生、信息学院软件工程系数字媒体技术专业 2017 级硕士研究生。曾担任厦门大学第十八届研究生支教团队长，赴内蒙古额济纳旗参与支教工作。现于北京市委网络安全和信息化委员会办公室任职。

采访组：付海浒　李晗　任雪纯　潘怡彤

采访日期：2020 年 8 月 15 日

采访地点：北京市高和蓝峰大厦

采访组：高超学长好，您当年选择去内蒙古支教，从东南沿海到西北内陆，巨大的环境转变在工作和生活上给您带来了怎样的影响？ 面对差异和变化，您是如何自我调适的？

高超：我支教的地方是额济纳旗，在内蒙古自治区最西北的地方，北边和蒙古国接壤，地理上是相对偏僻的地方。 习近平总书记之前在回忆自己的知青岁月时，有讲到他在梁家河插队时先要“过五关”，我也稍微总结了一下我们这边的“五关”。

第一关就是“交通关”。 额济纳旗因为地理位置相对偏僻，交通很不方便。 当时我们只有一趟绿皮火车，从呼和浩特出发还需要开差不多 20 个小时才能到额济纳旗。 西安还有一种有螺旋桨的小飞机，比较颠簸，可以飞到额济纳旗机场。

第二关是“气候关”。 额济纳旗的气候非常干旱，即便我是北方人，到了那边还是会觉得非常干。 一年下雨的次数很少，我和我的队友经常会干得流鼻血，需要在屋里放盆水达到加湿的效果。

第三关是“生活关”。 在饮食上，边境的饮食种类相对于我们东部沿海要少很多，但在肉类方面的供应是十分丰富的。 到后面我们也学着去做菜，丰富自己的饮食。 生活节奏相比于厦门这边要更慢，像我们大学时光中常见的娱乐活动就相对少了。

第四关是“文化关”。 内蒙古地区有非常大比例的蒙古族同学，还有专门的蒙古族学校。 尽管我们去的是汉语授课的中学，但还是会有相当一部分蒙古族的学生。 要充分尊重民族之间的文化差异，尊重当地的习俗，这需要我们支教团的同学去快速地学习和适应。

第五关是“情绪关”。 一方面，我们支教队员自己是刚刚毕业的大学生，从熟悉的地方到自己未知的、不熟悉的地方，心里难免会有波动和落差，要尽快调整和融入当地的环境。 另一方面，我们从学生转换为老师的角色，需要让自己快速地成长起来，还要去做好学生的思想工作、心理工作。 我们在支教的过程中要尽量地照顾他们的情绪，避免我们的言行给他们带来不好的感受。比方说，如果你带着一种优越感去支教，以一种“俯视”的姿态去面对孩子们的话，势必会伤害到他们，这是绝对不允许的。

采访组：额济纳旗由于地理位置的偏远，交通、通信都相对闭塞，但是您在学校开展的“科技工作室”和“影像班”都是颇为前沿的活动。您可以分享有关这方面工作的经历吗？

高超：最开始我到额济纳旗支教的时候，其实有过一个较大的心理落差。一方面与学生的学习积极性有关。本来我想着学生们应该都非常地刻苦好学，我一定要把自己所学的知识传授给他们。但是因为那边物质条件和生活条件并不太差，当地人民生活安逸、安土重迁，在我看来有很高的幸福指数，于是他们可能就形成了一种比较安逸的想法，就不太会想“知识改变命运”，额济纳旗的许多孩子可能没有特别好学。另一方面与我自己有关。最开始，我觉得我到那边就可以做很大的事情、很大的改变，可以给支教地的孩子带去很多东西，然而到了之后才发现，原来自己可以做的并没有那么多。

可能我们印象中的支教地都很偏僻、穷苦，设施设备非常落后，或者是印象中希望工程里面睁得大大的求知的眼睛，但是额济纳旗在硬件设施方面其实已经有一定的底子了，国家对于他们在硬件设施上面的资助和辅助力度非常大，此外还有政策扶持、退牧还草、脱贫攻坚以及开展旅游业等举措带来的积极影响。他们的贫困不是学生吃不饱穿不暖、教室很破，而是一些软实力方面的东西——因为地理相对偏远，他们很难吸引到优质的教师资源。

那个时候，我的心态处于比较低谷的时期。我记得特别清楚，那是2016年的冬天。就是在这个时候，《习近平的七年知青岁月》开始在《学习时报》上连载了。习近平同志当年在知青时期遇到的困难和他做的一些工作，对我产生了极大的鼓励和启发。当时他也在乡村工作，那边居民的学习氛围并不是很好，但他却不过分在意这种社会风气。他自己照样勤奋好学，同时也教当地的村民识字读书。于是我就想，我也要利用自己的专业所学，看看能不能给当地的学生带去什么不一样的东西。如果那边的学生都这么优秀，那我们去有什么用呢？既然我们去了，就要做出改变，做出不一样的成绩，这才是我们去的意义。即便可以做的改变很少，我也要一点一滴地去做，因为教育真的是一个长期的过程，我们一届一届去传承，终会滴水穿石，这才是“西部计划”的意义。

就这样，我结合自己的数字媒体知识，用周末的时间开了这个影像班，从全校选拔了30名左右的同学，教他们怎么去剪辑视频、拍摄视频、创作影片。这个相当于是我受习总书记的启发，真正用心、坚持不懈去做的一件事情。在2016年，我参与指导的《酸奶大课堂》团队获得了全国青少年科学影像节的最佳团队奖。团队的3名同学非常有想法，额济纳旗的畜牧业比较发达，3名同学在这方面有很丰富的生活经验，想要把家乡的特色推广出去，向全国科普酸奶知识。虽然他们当时已经是高中生了，相对来说课业要更紧，但还是对影像班的活动有很高的热情，这是很难得的。后来我支教期满离开了额济纳旗，最后见到的也是我影像班的学生们。最近听说影像班的同学中有人去报考影视相关专业，我感到十分欣慰。

在影像班之外，我还沿袭了“科技工作室”的教学工作。到我2016年去额济纳旗支教的时候，科技工作室已经开班两年了。我们之前的支教队员带着专业知识过去，带领额济纳旗的孩子们在科技创新方面做一些小发明、小创造，这样便诞生了“科技工作室”。我们参加了国家和自治区的中学生科技创新比赛，取得了许多成绩。

采访组：如果说“科技工作室”和“影像班”的意义在于助您脚踏实地投入支教，那么您策划的“传旗一厦”书信交流活动就是您扎实开展的典型工作之一。您办这个活动的初衷是什么？活动之中又有怎样的故事？

高超：我办活动的初衷主要有两点。第一，我想让当地的孩子更了解厦大以及外面的世界。因为单听我们自己来讲，可能不太全面，毕竟是我们的一家之言，而且我们也不可能跟每一个孩子都很深入地进行交流。所以我就想“扩大”我们的支教队伍，于是就开展了这样一个活动。第二，我想让厦大学子更了解我们支教团在做的事情。虽然厦大研究生支教团的宣讲每年都在做，也做得不错，但肯定不是每一位厦大的学生都了解支教团的存在。于是我就利用书信交流的形式，让更多的厦大同学了解我们祖国的西部和祖国西部的孩子是怎么样的，也会起到宣传的效果，让更多的同学想要加入我们的队伍。

“传旗一厦”活动现场

说到其中的故事，当时我印象很深刻的是足球队的一个小孩，他把这次书信交流看得很重，投入了很多情感。看重到什么程度呢？他把自己参加足球比赛获得的奖牌都放到了信箱里面，然后寄到了我们厦大学生手里。奖牌对他而言是很有纪念意义、很重要的东西，他愿意通过这样的形式来表达自己在交流中所持有的真诚。这个是“传旗一厦”活动里面我印象很深的一件事。

采访组：您提到“支教如果想要给当地带来改变，需要年复一年地不断努力”。如今回看支教岁月，您认为这段经历对您当下的人生有怎样的启示？ 对于之后去支教的学弟学妹们，您又有怎样的期许和建议？

高超：“纸上得来终觉浅，绝知此事要躬行。”支教带给我最大的感受就是，做任何事情或者开展任何工作，一定要从实际出发，实事求是。 习近平总书记在回忆自己知青岁月的时候提道，不要小看梁家河，这是一个有大学问的地方。 我对此也有很深的体会：我们去到那边，可能给学生们带来了外界的讯息和知识，但是从某种意义上讲，收获更大的反而是我们支教团队员自己。 当地的老师、同学反过来对我们产生了“润物细无声”的影响，他们也给我们很多无私的帮助。 额济纳旗是我们能够真正学到大学问的地方。

通过支教经历，我也比较深刻地体会到我们厦大校歌里面“充吾爱于无疆”这句话的含义，它给我工作的启发就是对基层工作重要性的认识。 现在人们对于基层工作还是觉得会烦琐、辛苦、累，但在我看来基层工作是非常有必要的，自己一定可以从中学习更多的东西。 额济纳旗的支教经历让我明白，基层工作确实更复杂、更困难，但解决困难的第一要义就是保持一个真诚的态度，去融入、去体会，同时也要根据实际情况灵活选择合适的工作方式。 这是额济纳旗教会我的大学问，也是我为什么选择走选调生这条路的原因之一。 选调生会安排两年的基层工作经历，我在正式入职之后，也会到北京的乡镇去锻炼，能够让我更充分地了解实际情况，有助于日后更好地开展工作。 我认为这是支教对我现在的工作带给我比较大的帮助。

在支教期满回到学校继续读研之后，我也一直在关注研究生支教团的工作。 看到我们研究生支教团在一年年做得越来越好，我真的很欣喜。 前期的教学培训做得越来越规范，中期在支教地开展的活动越来越成熟、越来越多元，后期对支教的宣传工作越来越有经验。

对于有意向参与支教的各位同学，我有一点小建议：大家不要抱着“打卡式”的想法来参加支教项目。 因为支教必然要投入很长的时间，如果没有投入时间跟当地的学生和老师融在一起，那师生之间还是会有很大的心理距离。 抱着去体验一下、去奉献一下的心态支教，初衷当然也是好的，但我还是更希望参与支教的学弟学妹们要调整自己的心态，摆正自己的位置，更多地从帮助支教地的学生出发。

最后，对于即将去支教的学弟学妹，我想送给你们的话就是，保持厦大教会我们的终身学习的习惯，毕业之后也要维持学生时代的学习动力与理想主义，但一定要在现实中给自己的理想主义找一个合适的落脚点。不管什么时候，不管在世界上的哪个角落，都要身体力行地传播厦大“自强不息”的精神、“止于至善”的理念，以及她的文化和价值，真正做到知行合一。

马雨桐：支教一年，自教一生

这一年的支教时光，让马雨桐可以停下来，尽自己所能做一些对社会有意义的事情，思考、沉淀自己的人生，不忘记为什么出发和来时的路。

马雨桐

采访对象：马雨桐，回族，甘肃兰州人，厦门大学2013级航空航天学院仪器与电气系学生，厦门大学第十九届研究生支教团宁夏海原分队队员，在支教期间担任海原县回民中学初二、初三4个班级的计算机老师。

采访组：赖烨臻　赖艺伟

采访日期：2020年8月20日

采访方式：线上采访

采访组:学姐，我们知道您是 2017 年去海原支教的，您在这一年的支教生活中的各方面工作都完成得非常出色，也帮助了支教地的很多孩子们，是我们这些学弟学妹的榜样。 请问您支教的初心是什么?

马雨桐:第一次接触研究生支教团是在 2016 年 9 月，听了关于支教团的招募宣讲会，通过叶楠学长《把梦留住》这本书第一次真实了解到支教。关于支教的初心其实主要有两点：第一，我自己本身就是少数民族，高考的时候通过享受国家少数民族政策考到厦门大学，所以当我有机会接触研究生支教团，了解到我们的对口支教地都是少数民族地区的时候，我觉得这也是我能够回报社会和母校的一种方式；第二，就自身发展而言，我觉得自己自小以来，小学、初中、高中、大学,都是在按部就班地学习、考试，就像是游戏里的升级打怪一样，一直都没有停下过，没有思考过自己除了学习以外能做什么，自己想要什么。 而支教这一年的时间可以让我停下来，尽自己所能做一些对社会有意义的事情，同时也让自己能够思考和沉淀一下人生。

采访组:学姐，请问刚毕业的您初到支教地的时候是如何调整自己，完成身份的转变，融入当地生活的?

马雨桐:刚开始支教的时候自己也有很多的不适应，当地学校的教学理念和我们这些大学生的想法有很大不同，一方面我们想要更多元化、生动立体地将知识传授给当地的孩子；另一方面，实际的教学任务量和当地学生的知识基础都不太能接轨我们的方式方法。 我们也是和学生在不断地磨合，在能完成正常教学进度的情况下，将课堂环节尽可能地丰富起来。 因为我本身就是西北地区的回族，到了海原当地对于民风民俗和方言还是比较了解的，所以适应得很快，而且也充当起队里的翻译和向导，负责和当地的老师对接、沟通，给队里的同学介绍少数民族的风俗、禁忌等。

采访组:您可以跟我们说说您在支教的一年里做了哪些工作? 您认为您理想中的支教生活与现实中的支教生活，有什么不同?

马雨桐：其实支教一年里我们真的做了很多工作，这个“很多”是相对于我出征前预期的工作量而言。除了在支教学校正常的课堂教学外，我们还在当地的回民小学开展每周一次的送课活动，每位队员都利用课余时间到县上的小学上一些兴趣课程，丰富当地孩子们的课余生活。海原县回民小学是一所县直属民族小学，学校里大部分学生是跟随父母来县城打工的农民工子女，在校学生千余人。学校师资力量相对匮乏，多年未招进年轻教师，且全校仅有一名音乐老师。考虑到回民小学音乐、美术和兴趣类课程较为缺乏，孩子们没有接受过系统的艺术教育，我们研究生支教团队员凭借自身专业特色和孩子们的兴趣需求，利用闲暇时间每周为各自服务学校的孩子们上一次兴趣课。

2018 年 3 月，我们还与中国科学技术大学研究生支教团合作，开展了“送课下乡”活动。活动主要面向海原县乡镇中小学生展开，利用课余时间将科普课程、兴趣活动送到各乡镇学校，让乡镇学校的孩子也有机会感受更加丰富的课余活动和全新的教学方法。我们在关桥乡和贾塘乡开展了送课活动，效果还是很不错的。

除了正常的教育教学工作外，我们也希望有更多的人能了解我们真实的支教生活，“倾听一厦”公众号专栏应运而生，记录下我们支教生活中的点点滴滴。到今年，“倾听一厦”已经四个年头，有空的时候我也会去看看学弟学妹的故事，重温一下自己的支教生活。

采访组：您能展开说说贾硕学长委托您接力帮助陈小娟（化名）的过程吗？

马雨桐：2017 年的 9 月，在到达支教地不久，也是学校刚开学没几天，我就收到第十五届学长的信息，希望能在我所支教的学校，找一个叫陈小娟的孩子，帮助她解决一些困难。我按照学长给的信息，找到了正在上高三的陈小娟。

与陈小娟第一次见面，我印象还是挺深刻的。她从教室里走出来，速度很慢，右脚有些残疾，右手有一些抽搐，感觉不太受控制。由于是课间，简单的交谈后，她主动提出晚上到我们宿舍和我们聊天，这让我有些吃惊。通过聊天我们了解到，陈小娟患有先天性小脑萎缩，伴有右半身偏瘫，右手和右腿有一些残疾。性格自卑、不爱说话，家境较差，有两个哥哥、两个姐姐、一个妹妹和一个弟弟。2013 年，还在上初中的她，找到当时的支教队员——厦门大学第十五届研究生支教团的贾硕学长，和他讲述了自己的情况和处境，贾硕学长开导她，鼓励她要勇敢，告诉她每个人的人生都不可能一帆风顺。除了在精神上支持她，贾硕学长还帮助她向县民政局申请大病医保，带她去北京 301 医院检查、治疗。虽然诊断的结果最终不能治愈她的疾病，但一次次的交流和开导让她慢慢开朗起来，对生活有了信心，并且通过自己的努力，考上了县里的高中。而这一次学长找到我们，也是因为听说正面临高考的她，家里的经济情况再次出现困难，面临辍学，希望可以通过研究生支教团的大家庭再次帮助她。

了解到陈小娟的情况后，我们第一时间联系到她的班主任，希望可以帮她缴纳班费和学杂费。由于陈小娟平时性格内向、不爱说话，老师对她家里的情况也不是非常了解，在得知她的情况后，也申请帮她免去班费和学杂费。同时，我们研究生支教团也到她的家里进行家访，帮助她和她还在上学的弟弟申请我们厦大研究生支教团的“一帮一助学金”，虽然钱都不是很多，但还是希望能尽量缓解陈小娟家里的经济压力。在了解到陈小娟的弟弟在我们另一个支教中学关桥中学读初中后，我们在关桥支教的队友们也找到他，了解他的困难，帮他补习功课，鼓励他好好学习。

2018 年 5 月，就在高考快要到来的时候，陈小娟再次找到我们，告诉我们她决定放弃高考，参加宁夏的职业院校提前批次的招录，考虑到她自身的身体状况，我们也鼓励她选择适合自己的道路，并在专业选择的过程中，尽我们所能给出适合她的建议。最终，让我们欣慰的是，陈小娟通过自己的努力拿到了银川市一所大专院校物流专业的录取通知书，她终于有机会走出大山去外面的世界看一看。7 月份，在我们支教快要结束的时候，陈小娟邀请我们去她家做客，再次到她家的时候，她的妈妈热情地招待了我们，我们吃着他们自家果树上的梨子，在院子里抱着她家的小妹妹玩耍，仿佛我们已经认识了很久，她就像我们的妹妹一般。也就是在那一次的聊天中，陈小娟和我们说她关于支教老师的想法。她说，看到我们每一个支教老师她都觉得非常亲切，在我们身上她能感受到来自别人的关心和正能量，是我们让她感受到还有许多人是关心她、祝福她的，她会努力地生活下去。

采访组：我们了解到您曾参与支教团20周年视频的采集工作，能否请您跟我们分享一下其中的故事？

马雨桐：2018年是“中国青年志愿者扶贫接力计划”研究生支教团项目开展的第20个年头，作为首批参与该项计划的学校，厦门大学研究生支教团也已经有了20年的历史，而我们在对口的支教地海原县也已经扎根了19年。在这样有纪念意义的年份里，我们希望用镜头记录下这20年来厦门大学研究生支教团为海原的教育带来什么，整个研究生支教团为西部落后地区的教育带来了什么。

20年前，第一批支教队员的学生已经长大成人，而他们中的很多人也选择回到家乡，和我们一起为海原县的建设添砖加瓦。走在海原的街头，开出租车的小哥哥，药店的小姐姐，面包店的老板都有可能是当年支教的学长学姐们教过的孩子，他们会很自然地和我们说起当年的支教老师，问问我们他们还好吗，而我们的学生中也有很多孩子的哥哥姐姐是原来支教队员的学生。

其中，让我们印象最深刻的就是一家面包店的老板。这家面包店开在海原县城中心，我们经常去那里买东西，一次无意的聊天中，我们了解到他也是我们支教团的学生，他的老师是我们第二届的岳莹师姐。视频采集的时候，他还叫来当年的几个同学，一起接受采访，说起当年和支教老师相处的点点滴滴，他们都记得非常清楚，也坦言是支教老师让他们对外面的世界有了更多的憧憬。

采访组:请您谈谈对支教团学弟学妹的寄语和期待。

马雨桐:对学弟学妹的寄语，我就说一点，希望他们可以充分珍惜支教这一年的时间，沉下心来做好教育教学工作。你会发现一年的支教工作不仅仅是站好三尺讲台，更多的是将自己的心思和精力都放在这份工作上，这样你收获的不仅是一年的经历，而且是你人生观和价值观的重大改变。至于期待嘛，希望学弟学妹能在我们这些前人的基础上，将更多好的理念和有意义的活动带到西部，带上三尺讲台，教出更多立志成才的孩子。

采访组:支教一年，对您今后的工作和生活产生了哪些影响?有什么人生感悟或经验想要分享给大家的吗?

马雨桐:支教一年对我人生观的改变还是很大的。我们支教队员们常会提起的一句话就是“支教一年，自教一生”。在这里，我看到了与从小生活的城市繁华形成明显反差的贫穷、困境，对人生有了更多的思考，看待问题和世界会用更开阔的视角和更包容的心态，也明白了有很多问题是一时不能解决的，而是需要几代人花费几十年才能解决的，比如贫穷。当然，我也变得更加乐观了，以前总会觉得自己遇到困难难以解决，会有畏难情绪，但现在心态可能会更加平和，会觉得遇到困难也不是不能解决，只要自己努力一定会有解决的方法。

苏才立：海原就是我的第二故乡

“在真正的支教过程当中，在站上讲台那一刻，我就知道它承载的东西太多了，所以我根本不敢去懈怠，而更多的就是想着怎么去改变当地孩子，怎么去改善当地的生活。”

苏才立

采访对象：苏才立，厦门大学经济学院财政系 2014 级本科生，厦门大学经济学院财政系 2019 级研究生，厦门大学第二十届研究生支教团队长。

采访组：石浩　马强　朱俊洁

采访日期：2020 年 8 月 22 日

采访地点：福建省厦门市

采访组：您选择报名研究生支教团最初的想法是什么？

苏才立：我当时的想法有三个。第一，你应该也听过《这条小鱼在乎》的故事，我大二的时候就听过这个故事，当时很受触动。我发自内心觉得当地的那些孩子就像一条条搁浅在沙滩上的小鱼，他们缺少的也就是我们这些研究生支教团的老师，我们能够去帮助他们更好地在知识海洋中遨游。

第二，我也是一个来自农村的孩子，10年前的我也是一个初一的学生，我当时的想法是只要能往外走就好，所以从农村到了县城，再从县城考到城市，再从城市考到厦大，一步一步往外走。我也是农村的孩子，他们也是农村的孩子，我觉得我可以帮他们走出来，给他们树立一个榜样，让他们也走出来。

第三，当初在选择的时候，大家都要么是继续读研，要么是出国升学，要么就找工作。当时我的成绩还比较好，是可以直接保研的，有人劝我说你不要去支教，那样会浪费一年的时间。我想了很久，觉得其实一年时间并不长，但是能够给当地的孩子们带去一些影响，是很有意义的一件事。所以我当时就比较坚定，决定了自己要去支教，要给当地孩子带去不一样的东西。

采访组：您在宁夏海原关桥中学支教，能不能和我们谈一谈当地和学校的情况。

苏才立：我觉得关桥中学整体上的发展程度是超乎了我的想象。在到关桥中学之前大家都跟我说那边缺水，条件很艰苦，基本上描述的就是一无所有。但是我到了当地之后发现其实当地建设也还可以，水泥路基本都通了。可能面临的唯一比较严峻的问题就是缺水。当时我和我舍友每天鼻子都渗血，到现在落下病根了，到秋冬季天气一干，我就开始流鼻血。

采访组：西海固地区条件艰苦，干旱缺水，什么是您支教一年的动力支撑？

苏才立：我刚到关桥中学的时候确实压力挺大的，因为当时学校一共有

1400 多个学生，但是老师只有 70 个，实际上真正在教学岗位上只有 65 个，如果按比例算，一个老师大概要管理 20 个学生，而且关桥中学最突出的一个问题是教师结构性短缺，比如说虽然有 70 个老师，但信息技术老师全校就 1 个，美术老师也就 1 个，而且他们还不是专业对口的，而且当地环境又比较恶劣。遇到这些困难的时候，我没有想过放弃或者是应付了事。因为孩子们在眼前，我不能让孩子们觉得我们因为条件艰苦所以用懈怠的方式去对待支教。因为我们代表的不只是我们自己，我们代表着学校，我们在孩子们眼里是外面来的大哥哥、大姐姐，这就是给他们树立榜样的时候。在真正的支教过程当中，在站上讲台那一刻，我就知道它承载的东西太多了，所以我根本不敢去懈怠，而更多的就是想着怎么去改变当地孩子，怎么去改善当地的生活。

采访组：我们知道您和一名学生有着“约法三章”的故事，能给我们详细描述一下吗？

苏才立：当地的孩子其实很有好奇心，他们很关注这些外面来的大哥哥和大姐姐平时做什么。当时我们刚去的第一周还不知道负责什么科目，所以我就去办公室自己看书，我带三本书，一本《读者》，一本《意林》，还有一本是他们初一年级在上的《骆驼祥子》。然后有一天一个女生来找我，和我说：“苏老师，我很想看书。”我就说：“你想看什么？”然后她就看到了我案头上的一本《骆驼祥子》，她就想看这本。我就和她做了一个约定，我说：“你要认真看，因为你知道书本都是来之不易的，你看完以后要写一篇读后感给我。”然后我就把书借给她了。过了两天之后她就把书还给我了，我一下子觉得很奇怪，是书不好看吗？她就告诉我这本书已经看完了，然后她就把自己写的读后感给了我。我看过她写的读后感以后，发现她写得很好，文笔也很好，从里面摘抄出来的句子都是很有深度的。

我就和她聊天，了解她家里的情况。她一直都很喜欢看书，但是她家穷，买不起书。她家一共 8 口人，家里人都是种田的，偶尔打一些零工，一年的现金收入还不到1万元，而且她姐姐、弟弟都患有血友病，每周都需要打一种抗血凝的针，一针就要上百块，一个月下来就要将近1000块钱。原来没有医保的时候，他们只能找别人借钱，即使有了医保，一个月也还要三四百块钱。对于这样一个本来收入就很低的家庭而言，家里面基本上就没有多余的钱，也就没办法给她买课外书。以前她小学六年级的时候参加全县的一个作文比赛，拿了全县的一等奖，县里准备推荐她去市里比赛的时候，他们家拒绝了，因为没有办法负担路费。她爸妈也不许她看课外书，只允许她看课本，所以她天天翻课本，都翻了好几遍了。

我当时很心疼这个孩子。从那以后她就经常来找我借书看，她基本上是两三天就看完一本，到了后期我带过去的书她都看完了。所以我就想着去找学校申请一下，因为我觉得有一个想看书的孩子，可能还会有更多这样的孩子，这个女孩是来找我借书的，还有那些不好意思来找我借的孩子。"约法三章"与其说是我和那个女孩的"约法三章"，不如说我和当地很多孩子的"约法三章"，只要他们愿意读书，我可以借书给他们，但是他们要尊重每本书，善待每本书，认真地去读。于是，我就联系厦门大学经济学院开展了一个募捐活动，一共募集了将近1万块，又趁着读书节的活动，在网上买了1400多册送过去。我们在20个班级都做了图书角，在每个图书角都准备了两套初中生建议阅读书目以及其他一些课外书。

采访组：您是第二十届研究生支教团队长，除了承担日常的教学任务以外，您还做了哪些工作？

苏才立：实际上很多时候我们都是"自找苦吃"，比如当时我们和关桥中学支教的另一个老师一起办了一个书法班，帮助做一些材料收集的工作。另外，针对小学，我们会利用课余时间去海原的回民小学给他们上一些第二课堂的课程，教他们音乐、跳舞、美术、书法。除了当地的一些行政任务，以及在学校里帮着写一些新闻稿以外，我还带过一次外出实践。当时正好是《光明日报》的记者到海原，去报道海原的一棵震柳，那是大概100年前

8.5 级的海原大地震，这棵柳树就在地震中被撕开成两半，变成了一棵中空的树，正常来说这样的树肯定是没法存活了，但这棵震柳活了下来，而且长得还茂密，后来它又经历过雷劈和滑坡，还是坚强地活了下来。当时我和学校提议，想要带一批孩子去看一看这棵震柳。后来我就带了 6 个孩子去，我当时和孩子说，在这样恶劣的条件下，震柳都可以坚强地活下来，而且活得郁郁葱葱。所以，条件差不可怕，只要我们坚强、努力，我们也能活得很好。当时《光明日报》的记者也说，孩子们努力学习的方向，不是要离开这个地方，而是要把学到的东西带回到这个地方，让这个地方更好。

采访组：您曾提到海原是您的第二故乡，为什么这么说？

苏才立：我觉得大多数去支教过的人，都会说一句说“我觉得那里是我的第二故乡”。有一个很重要的原因是因为你有亲人在那边，比如我教过 500 多个学生，他们就像是我的孩子一样，而且在海原有我们奋斗过的痕迹，所以自然而然我就会觉得这个地方就像是自己的家。

现在有时候累了，我就和当时的支教队员说好想回去看看，就像外出的游子想要回到家里看看。我们尤其想念当时教过的那些孩子。去年新的队员们去支教的时候，就和我说孩子们想找我。很多时候我都会把手头工作放一下，找个安静的地方和孩子们视频。然后你就会发现孩子们长大了、长高了或者变成熟了。因为有这些感情在，我们自然就会把海原当成第二故乡。

采访组：您觉得一年的支教经历带给您什么成长和收获？

苏才立：我觉得在那里我首先获得的就是师生情，这是最宝贵的。我在海原有 500 多个学生，我刚去的时候就是教师节，我当时很兴奋，终于过上教师节了。到了支教结束回来，下一届支教队员在教师节晚上就发了很多照片给我们，都是当地孩子写的“教师节快乐”的贺卡。我当时眼泪就止不住地往下掉。我们的队友说本来以为队长是一个不会哭的人，后来到了海原看他哭了好几次，因为当你真的看到那样的场景，眼泪是止不住的。

其次是开阔了自己的眼界。如果说我们不去那个地方，只是听到别人说东西部发展不均衡，我们不知道到底是怎么不均衡。就拿水资源这一块来说，我们在厦门天天洗澡，天天喝的都是纯净水，根本没考虑过西部有一些地区的水是这么来之不易，那里还需要去其他地方买水，用那种绿化的铁皮车一车一车拉过来。当地孩子初一进校的时候就买了一套校服，他们没钱买新衣服，到初三的时候你会发现全部露脚踝。东西部发展存在不平衡，你根本没见过，只有真正到了当地才会理解，东西部发展不均衡到底是什么样子。

再次是变得乐观了。再遇到什么问题，我都会很乐观，或者说更积极地去面对困难。因为再困难也不可能比在海原的时候还要困难了。再困难还是得好好解决问题，解决了这个问题才得到发展，才得到落实；问题没解决，你永远停留在那个层面，问题永远都会存在的。

许继聪：打开孩子认识世界的另一扇窗

“源于热爱，始于情怀”，许继聪认为支教是一个非常重要的成长和学习机会，在隆德、在祖国西部广袤的土地上学习“无字之书”，深度融入国家重大战略，经受了战贫和战“疫”的磨砺、收获了成长。许继聪说：“这一年的每一份经历，都融入我的血液中，都将成为我这一生最宝贵的财富。”

许继聪

采访对象：许继聪，1997 年 1 月生，广西靖西人。 厦门大学第二十一届研究生支教团隆德分队队长，2019 年 7 月至 2020 年 7 月在宁夏固原市隆德县第四中学开展支教工作。

采访组：黄子瑜　熊贝妮

采访日期：2020 年 8 月 22 日

采访方式：线上采访

采访组：许继聪学长，非常感谢您在百忙之中抽出时间接受我们的采访。作为第二十一届厦门大学研究生支教团隆德分队队长，您刚刚结束了一年的支教工作，回首这一年时光，您最牵挂的、最难忘的是什么呢？

许继聪：支教结束已经半个月了，现在每天醒来，发现自己不用改作业、不用准备、不用去上课，也不用担心错过课间的时间去班里转一转，就仿佛做了一个长达一年的梦。要说最牵挂的，当然是我那 5 个班的 222 个孩子，最难忘的也是和孩子们所经历的一点一滴。

最难忘的是根据当地防疫政策，我们春季学期要先隔离 28 天才能进入学校。当学生们得知我在沙塘镇集中隔离点隔离的消息，班群里热闹了起来——“老师，我们也想你了，可惜现在还见不到你。”“老师，你想吃点啥，我给你送过去。”“老师，你还要隔离多久呀？”……于是，孩子们派了一个家在附近的同学为代表来看望我，只能隔墙相望的我们细数着班里的点点滴滴……熬到隔离结束后，学校并没有给我安排授课任务，虽然我再三争取仍无果，孩子们知道这个情况后居然联名写了一份申请书——集体向校领导申请让我继续给他们授课。

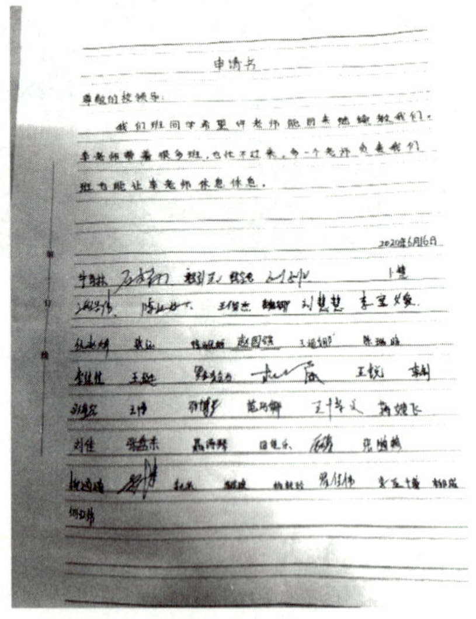

申请书

尊敬的校领导：

我们班同学希望许老师能回来继续教我们。李老师带着很多班，也忙不过来，多一个老师负责我们班也能让李老师休息休息。

2020年6月16日

许继聪的学生们给校领导写的申请书

采访组：2020 年注定是不平凡的一年，是我们国家脱贫攻坚决战决胜之年，也是我们全国人民共同抗击新冠肺炎疫情的一年，同时即将迎来厦门大学百年华诞，今年对您来说，有没有什么特别的经历呢?

许继聪：突如其来的疫情使我们的支教工作遇到了前所未有的困难，但我们每一位队员都努力克服了新冠肺炎疫情的影响，在“战疫”和“战贫”的“双战役”中贡献了青春力量。

疫情暴发以来，我们一边通过互联网为隆德的学生进行网络授课，一边主动加入厦门大学团委组织的“战疫无忧”云辅导志愿服务活动，为厦门援鄂医护人员守护后方。凭借丰富的一线教学经验，我们成为“云辅导”的骨干力量。在这没有硝烟的战场上，我们传递的不仅是知识，更是共克时艰的信念和决心，是厦大青年甘于奉献的勇气与担当。

2020 年是打赢脱贫攻坚决战的收官之年，隆德虽已脱贫摘帽，但受疫情影响，原本就比较困难的家庭很容易因疫情返贫，这也是我们今年助学工作重点关注的对象。复学以来，我们有针对性地向经济困难的学生了解疫情对其家庭的影响，并通过与班主任沟通、和家长打电话了解情况等方式，筛选出一批家庭困难，又受疫情影响较大的学生，通过联系爱心人士进行了一对一的资助。此外，3 月初，我们在母校的支持下，为四中争取到口罩、额温枪、消毒液等一批防疫物资，助力四中常态化疫情防控工作，为四中打赢疫情防控阻击战提供坚实保障。

为家庭困难且受疫情影响较大的学生发放助学金

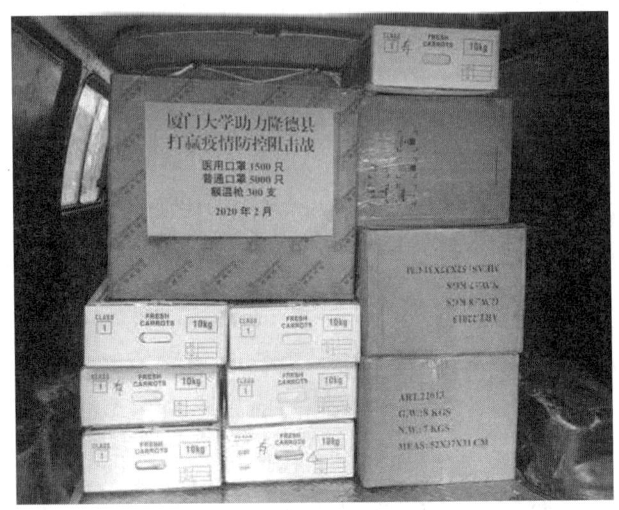

厦门大学为隆德县捐赠防疫物资

采访组:听说您支教期间帮助隆德当地建设起智慧教室，并开展“嘉庚号海洋大讲堂”直播的事，对当地孩子们影响很大，想问问您当初是如何想到要通过智慧教室组织这样一次活动的呢?

许继聪:“智慧教室”的建设是我们原本支教工作计划的一个重点，因为我们在支教的过程中发现当地的教学资源，特别是优质的教学资源是很少的，所以我们就大胆探索智慧课堂新模式，想要运用互联网技术创新基础教育的形式，大力开展第二课堂的活动。 而“嘉庚号”的活动只是我们智慧课堂的其中一个活动。 我本科毕业于厦大海洋与地球学院，研究生也继续攻读海洋化学专业，我很早就希望能够结合专业特长为孩子们上海洋通识课程，但凭一己之力难以实现。 而在 2020 年 6 月 15 日，我们充分利用母校的优质资源，组织了隆德三小和四中的 1000 余名师生一同观看厦门大学“嘉庚号海洋大讲堂”的直播，并通过与一线科研人员交流互动的方式，激发了孩子们对海洋的好奇心,带他们看到了不一样的世界。 正如习近平总书记所强调的“要优化教育资源配置，逐步缩小区域、城乡、校际差距，特别是要加大对革命老区、民族地区、边远地区、贫困地区基础教育的投入力度”，通过“智慧课堂”，运用新媒体形式进行网络授课，我们可以打破时空的限制，将更多优质的教学资源引入隆德，进一步解决西部贫困地区仍存在的优质教学资源匮乏问题。

许继聪组织学生观看“嘉庚号海洋大讲堂”直播

采访组：“嘉庚号海洋大讲堂”直播活动对当地孩子有什么影响呢？有没有什么让您难以忘记的瞬间或者事迹？

许继聪：这个活动向孩子们展示了大山外面的世界，激发了孩子们对浩瀚无垠的海洋的好奇心，从而打开孩子们认识世界的另一扇窗。难忘的是，在活动结束后相当长的一段时间里，有不少同学还经常来问一些关于海洋的问题。这也足以说明外面世界对他们的吸引是很大的，我们也希望以教育为梯，让距离不再成为孩子们认识世界的障碍。

采访组：您在服务隆德时，是如何将厦门大学与隆德连接起来，将厦大的“爱国、自强、革命、科学”四种精神、优质的教学资源和先进的教育理念带进隆德的呢？ 您觉得这会给当地孩子带来什么？

许继聪：“发展教育，脱贫一批”，是党中央交给教育的重大任务，也是我们每一位支教队员在脱贫攻坚战中肩负的重要使命。 作为隆德分队的队长，我始终将支教工作积极融入厦门大学—隆德县对口帮扶工作当中，主动与母校选派的挂职干部、校团委和各学院保持密切的联系，一有机会就为孩子们争取母校的优质资源。 比如，在厦大的支持下，我们在 2020 年暑假组织开展厦门大学—隆德县少年儿童“凤凰花”班系列活动，带领隆德县周边乡村的青少年到县城开展红色主题教育、参观县内经济文化发展；在 2019 年 11 月，借我校学生处任艳青和祝婧媛两位老师到隆德出差的机会，我们邀请她们到四中，给学生们开展了主题为“关注心理健康　做好未来规划”的专题讲座，共同为孩子们健康快乐地成长保驾护航。

厦门大学老师开展“关注心理健康　做好未来规划”专题讲座

采访组：作为一名厦大学子，您能跟我们分享一下为什么选择支教吗？您来支教后对支教的看法和理解会跟大四出征前有什么不同吗？

许继聪：还记得 2018 年研究生支教团面试时，老师也问我同样的问题：

“你为什么想去支教？”

“源于热爱，始于情怀”，大一的暑假，在甘肃省的一个乡村小学里，我开启了自己的第一次支教经历。而这期间的见闻给了我极大的震撼：土地如此贫瘠、井水又是时常浑浊、土窑洞和土坯房随处可见……但在课堂上，我看到的却是孩子们灿若暖阳的笑容和提出稀奇古怪的问题时闪着光的眼睛。而当时，得知我在本科毕业后还能够有这么一个难得的机会，去续写我的支教情缘，我便义无反顾加入了支教的队伍。

其实，大一支教时看到的孩子们，我也是从他们身上看到了自己的影子。我是一个来自西部的孩子，家住广西百色市的一个小村庄，也是一个国家级的贫困地区。从小在这么一个地方长大，家里条件也没那么好，求学路上也一直受到了来自国家和社会爱心人士的助学金的帮助，所以“知识改变命运”的观念在我脑海中是根深蒂固的，我也是凭借自己的努力靠读书走出大山，到厦门求学的。

正因为我本身的求学经历以及支教经历，我意识到在中国，特别是西部地区，还有千千万万个像我这样的孩子，眼中闪着光，也常遥望星空，渴望远方，渺小却又不甘平凡。于是，在多方了解“研究生支教团”这个项目之后，我选择说服父母，加入研究生支教团，和队友们一起接力，用一年不长的时间，把希望带给孩子们。能够有这么一次难得的机会，能够腾出一年的时间来全身心投入到一件自己想做的，而又那么有意义的事，我是很感激的。

采访组：支教一年，自教一生，您这一年的支教时光对您自身有什么影响和改变呢？

许继聪：在支教以前，“脱贫攻坚”“闽宁协作”等这些国家重大战略似乎离我们大学生很遥远，换句话说，我们能为这些大战略做的事很少。但是，在支教的过程中，我有一种“将小我融入大我”的这样一个非常深刻的感受。往小了说，是我们个人在努力、在奋斗；往大一点说，我们的支教队也是厦门大学对口帮扶宁夏隆德县的一支中坚力量。2012 年，厦门大学和隆德县确立定点扶贫结对关系，这些年做到了“隆德所需、厦大所能”，而我们的支教工作就是教育帮扶的一个重要部分；再往大一点说，我们也将自己的支教融入闽宁协作的大战略当中，闽宁协作 24 年了，厦门大学在宁夏“西海固”的支教也持续了 21 年从未间断。2019 年 4 月，隆德县正式退出国家贫困县的行列，昔日的食不果腹、衣不蔽体已不复存在，如今已是家境殷实、迈向小康；从前靠天吃饭、广种薄收，如今已向产业化、规模化发展；昔日水贵如油、出行靠走，现如今户户通自来水、村村通小客车；从前孩子上不起学、人们看不起病，如今已是学有所教、病有所医……凡此种种巨大的改变都是国家扶贫政策和闽宁协作结出的累累硕果，作为厦门大学研究生支教团的一员，我们既是建设者，也是见证者。

总之，我认为支教是一个非常重要的学习和成长机会，我们在隆德、在祖国西部广袤的土地上学习“无字之书”，深度融入国家重大战略，经受了“战贫”和“战疫”的磨砺，收获了成长。这一年的每一份经历，都融入我的血液中，都将成为我这一生最宝贵的财富。

采访组:最后，作为厦门大学研究生支教团 22 年来接力中的一棒，您对自己、对支教地、对学校有什么期许呢?

许继聪:作为厦门大学研究生支教团这 22 年来的 1/296，我感到非常的荣幸。“一年隆德行，一世隆德情”，支教服务结束并不意味着和隆德就此“脱钩”，相反，我会将领悟到的红军长征精神、隆德人民艰苦奋斗的精神和支教精神分享给更多的厦大学子，成为厦大学子成长的养分，动员更多人关心并参与西部的建设与发展。

第二部分

访谈支教地师生

霍佰义：坚持下去，全世界都会为你的梦想让路

大雪纷飞中，霍有季轻声问我："老师，我的梦想能够实现吗？"

那一刻，我认真地回答："坚持下去，全世界都会为你的梦想让路。"

——摘自叶楠《把梦留住》

"霍有季"是支教团成员叶楠给霍佰义起的化名。在记录叶楠自己支教经历的《把梦留住》一书中，叶楠写道，霍佰义是"小不点机灵豆般的十三岁男孩，同学送其绰号'小老鼠'"。

年少的他也曾觉得梦想是遥远而不可及的东西，但叶楠告诉他，"坚持下去，全世界都会为你的梦想让路"。正是由于遇到了支教团，和霍佰义境遇相同的孩子们才得以看到外面的世界，才得以让梦想的种子在他们的心灵深处生根发芽。如今的霍佰义已经在自己所梦想的社会公益行业奋斗了10年。当被问及他最初的那份热爱是否有消退时，霍佰义说，于他而言，公益的乐趣不仅没有消退，反而增多了，也更纯粹了：受助对象真诚的、发自内心的笑容总会让他感觉到非常满足。怀着对公益事业数年如一日、日进不衰的热情和继续将大爱发扬、将青春奉献社会的坚定决心，昔日的"小老鼠"早已成为一名有责任、有担当的青年榜样。

采访对象：霍佰义，厦门大学第七届研究生支教团成员叶楠的学生，现为南京市雨花台区西善桥街道团工委副书记，南京江宁青年公益组织培育中心创办者，从事青少年公益项目、青年志愿者服务等相关工作已有10年。

采访组：李欣润　张心怡　张雨菲

采访日期：2020年8月19日

采访地点：初见书店·初见知旅共同体（南京店）

霍佰义

采访组：霍先生您好，我们注意到叶楠老师在《把梦留住》一书中给您的化名是“霍有季”，而您现在也依然在使用这个名字作为网名，请问这个名字对您有什么特殊的含义吗？

霍佰义：叶楠老师是2005年来支教的，他的《把梦留住》在2007年出版时我们都收到了，发现叶老师给书中所有的学生都起了化名。他给我的化名是霍有季，我觉得自己和这个名字很有缘分，因为我在家族中排行老四，伯仲叔季，也是这个“季”字，所以后来也就保留了这个名字作为网名。

采访组：在叶楠老师支教期间，您觉得他是一位怎样的老师呢？在您的心目中以及成长过程中他扮演了一个怎样的角色？您觉得叶楠老师给您带来的哪些方面的影响是最大的？

霍佰义：我是在13岁读初三时第一次遇到叶楠老师和支教团的其他研究生老师们，初见时就觉得他们非常青春、阳光、活泼。对我来说，叶楠既是老师也是朋友，我经常在课后找他聊天，问一些学习上的问题，谈一谈目标、梦想，以及各类感兴趣的话题，他总是耐心、仔细地回答。至于他对我最大的影响，我认为是个人职业生涯的规划。正是由于遇到了叶老师和厦大支教团的其他老师们，我在初中时就接触到了家乡之外的很多信息，通过他们看到了外面的世界，那时就在心中立下了一定要考上大学的目标并一直为之努力。不仅如此，我还深深地被他们无私奉献的精神所感动，产生了以后也要像他们一样在志愿服务中实现自我价值、在实际行动中展现青年担当的志向。

采访组：在您读中学时，叶楠老师来支教的过程中，您与叶楠老师之间有没有什么让您印象深刻的故事？

霍佰义：我印象最深刻的就是在叶老师的带领下参加的法律知识竞赛。当时由于海原县的很多学生比较缺乏法律知识，在厦大支教团的建议下，县教育局为了给我们普法，组织了这次比赛。我非常幸运地通过了校内选拔，成为西安中学代表队中的一员，到海原县回民中学参加比赛。那是我们第一次参加比赛，非常紧张，一遍遍地复习资料。为了给我们减压，叶楠老师带我们到招待所边上的小食店吃烧烤，我们边吃边谈梦想。当时他一再支持我，并鼓励我说："坚持下去，全世界都会为你的梦想让路。"我一直记得这句话，即使在最困难的时刻也没有放弃。

霍佰义（中）代表西安中学参加法律知识竞赛

采访组：您在2013年和叶楠老师一起去了厦门大学，您可以谈谈对我校的印象吗？

霍佰义：2013年《把梦留住》再版时我有幸受到叶楠老师的邀请，第一次去厦门大学。我当时就觉得厦门大学是“中国最美校园之一”的称谓实至名归，凤凰花、芙蓉湖、白城沙滩都很美，“一主四从”的建筑群也特别壮观。在西安中学读书时，厦大就是我心中理想的大学。那时，叶楠老师和其他支教老师举办过好几次图片展，常常和我们介绍东海之滨的厦大，而当我到了厦门大学，我发现它和我记忆中的样子是完全吻合的。在和叶楠老师逛厦大时，他专门向我介绍了校主陈嘉庚，告诉我嘉庚先生当年从南洋创业成功回乡，变卖大厦支持厦大，为办学不惜一切的故事。还有厦大的校训，“自强不息，止于至善”，这些都使我坚定了继续从事公益事业，创立社会工作服务机构，组织更多青年为社会献出自己的一份力，用行动诠释奉献的想法。我想，从某种意义上，这也算是“嘉庚精神”的新时代传递吧。

采访组：您在宁夏时的学习和生活环境是怎样的，能跟我们描述一下吗？您这几年回家乡和母校时，觉得有哪些变化？

霍佰义：我在宁夏海原县西安乡生活了18年，学习了12年，对于家乡的记忆是永远不会褪去的。那里是温带大陆季风性气候，北边是贺兰山，南边是六盘山，平均海拔在1600米以上，降水量仅在250毫米以下，有时还会有沙尘暴，如果运气差在上学路上碰到了，什么都看不清，骑自行车上学阻力特别大。西安中学只有一栋教学楼，教室和办公室都集中在一起，食堂和师生宿舍都是20世纪90年代建的平房。学校师资匮乏，教学物资也匮乏，物理、化学实验很多都做不了。总之，当时的生活和学习条件是非常艰苦的。不过近几年春节回乡，我感觉到家乡情况有了很大的改善。最显著的一点是，我发现父老乡亲们比以前更有精气神了，这和退耕还林、脱贫攻坚政策的实施带来的当地环境的改善以及乡民收入来源的多元化有着密不可分的联系。虽然鲜有机会回到母校，但在和母校老师的聊天中，我得知学校的硬件建设都有了很大的提升，实验器具也都齐全了，师资力量更是壮大了。

采访组：叶楠老师在支教期间主要负责的是体育和生物的教学工作，我们也在您以前的采访中了解到您在大二时曾在一家网络媒体公司实习，对体育赛事运营策划也有一定的了解。叶楠老师的体育教学是否对您在体育方面的兴趣有一定的影响？

霍佰义：是的。当时我们的教学资源有限，体育活动也不像现在丰富多彩，尤其是在体育器材方面，没有塑胶跑道，也没有绿皮操场，篮球场也都是水泥地。好在叶楠老师还有其他几位支教团的老师给学校带来了很多体育器材，比如篮球、足球等，这在很大程度上丰富了我们学生的体育课内容和课后锻炼项目。虽然叶楠老师并不是专业的体育老师，但他平时组织的体育训练科目对学生们的身体素质有很大提升，也为我们后来的体育中考打下了基础。课上他也经常会带领我们做一些团队形式的趣味游戏，不仅提高了学生们对体育课的兴趣，也让大家更加团结，更具凝聚力。我对体育的兴趣也是在那个时候产生的。后来大学期间，我在网络媒体公司实习，做体育赛事方面的运营策划，也是出于对体育的兴趣和对体育赛事的关注、了解。

霍佰义热爱体育积极参加马拉松赛

采访组:您现在从事了许多公益项目、志愿服务相关的工作，虽然公益创业有很大的发展空间，但目前可能并不是大多数人会选择的方向。我们注意到您在以前的采访中被问及为什么从事公益创业之路时，您的回答是“乐趣”。除此之外，有没有什么其他的原因？10 年中，这份乐趣是否有消退呢？

霍佰义:创业主要分为两类：一是商业创业，二是公益创业。因为我当时关注的领域是青年发展和青少年权益维护领域，2014 年南京本地这类机构和组织相对较少，所以希望在这个全新领域开拓市场。公益创业确实是一个比较辛苦、艰难的过程，但因为我从中学时期就有了这样的梦想，包括我的大学专业一直强调“助人自助”的基本原则，所以我认为公益创业是能够为社会做出切实贡献的，这 10 年也一直在做这件事情。

我对公益的热情不仅没有消退，反而增多了，也更纯粹了。不管公益创业还是商业创业都要从自己的兴趣做起，有了兴趣才会有激情，才会有动力，同时创业不是一件简单的事情，需要我们持之以恒地坚持和努力。尤其在选择创业方向上，一定要选择与自己专业方向相关。术业有专攻，有自己的知识作支撑，你才能走得更远。公益创业其实算是个小众领域，这份工作非常锻炼人的抗压能力，因为总会有很多意想不到的突发情况。它带给我的最大帮助是多样性视角，每天都会接触很多不同背景、不同行业的人，与他们打交道的过程中会看到对同一问题的不同思考，这一点很有趣。年轻人走公益创业之路更有利于创新，毕竟公益创业是一条前面没有人走过的路。

采访组:您对未来的职业生涯有怎样的规划和畅想？有没有一个固定的目标？

霍佰义:比起长期的职业规划，我可能更偏向制定阶段性的目标。因为阶段性的目标往往是更明确、更脚踏实地的。无论是公益创业，还是做基层团工委的副书记，工作中都会有很多的不确定性，未来的发展和机遇也很难预测。此外，长期的职业规划也是由一个个短期目标的达成实现的，正所谓“不积跬步，无以至千里”，所以，对我来说，知行合一，踏实走好每一阶段是更实际、更合适的选择。

接受采访时的霍佰义

陈富财：闽宁隔山海，山海皆可平

“闽宁尽管隔山隔海，但只要打开眼界，然后学习一些新的方法，再不断奋斗，山海也皆可化为平川。”

陈富财

采访对象：陈富财，1989 年生，宁夏海原人。曾就读于宁夏海原关桥中学，在厦大研究生支教团队员的关心和帮助下，2008 年以海原县文科高考状元的好成绩考入厦门大学。2012 年毕业于厦门大学新闻传播学院广告学系。2013 年创立“天仙农场”水果电商平台，现居澳大利亚。

采访组：史鹭佳　肖理浩

采访日期：2020 年 8 月 15 日

采访方式：电话采访

采访组：富财学长您好！ 您的家乡宁夏海原县是厦门大学研究生支教团的服务地之一，能和我们聊聊您的家乡在闽宁协作中有什么变化吗？

陈富财：我的家乡气候非常干燥，地理位置比较偏僻。 在我小时候，交通各方面都不方便，家乡比较穷，基本都是靠种地为生。 当时大概是一种“靠天吃饭，十年九旱”的状况，天气好了有收成还能有饭吃，天气不好没收成很多人都吃不上饭。

那时候教育情况也不太好，我认为主要有两方面的原因：一是教育资源匮乏，学校数量、老师数量都比较少，学校的基础设施也比较差；二是经济落后带来的观念落后，家长不太重视孩子教育，很多小孩上到初中就会辍学出去打工。

在国家开展闽宁对口扶贫协作和脱贫攻坚之后，现在情况有所好转——交通相对便利了、人们的观念也开放了。 人们可以选择出去打工、做生意，也可以在当地跑运输等，可以说整体的经济形势是向好的。

随着经济形势一起转变的还有海原的教育。 不管是社会还是政府，都增加了对海原当地学校的投入。 家长对孩子未来的考量也更加长远，会希望孩子能考上大学，为自己谋取更好的出路。

采访组：我们了解到，您和当时来自新闻传播学院的支教队员裘萍特别熟悉，你们之间有发生过什么让您印象深刻的事吗？

陈富财：我是在初三的时候遇见厦门大学研究生支教团的，裘萍老师刚好分到我们班上做历史老师，所以和她就特别熟悉。 在她支教的过程中，我有两件印象特别深刻的事情：第一件我很有感触，当时我初三，研究生支教团和海原当地的学校一起组织了一个演讲比赛。 那时候的我胆子比较小，但是出于对研究生支教团的好感就去参加了，准备了一段时间后，最终获得了第二名。 现在看来，这件事对我自信的建立帮助很大。

另外一件事情是，我特别喜欢裘萍老师的历史课。 虽然历史并非重点考查科目，但裘萍老师鼓励我们班上的同学要多方面汲取知识，不要带着功利心去学习，她说：“历史知识的积累影响的不只是一次考试，更是我们的一生。”我们出于对裘萍老师的喜爱，学历史学得很卖力，所以我的历史成绩经常满分。

后来裘萍老师支教结束离开，我和她的联系逐渐减少，本以为她要慢慢淡出我的生活。但在初三快毕业时，我和我特别要好的哥们儿受到家庭和身边环境的影响产生了厌学情绪，决定一起出去打工。正当我们准备从学校辍学回家，班主任老师连忙联系了裘萍老师，请裘萍老师出面开导我们。

裘萍老师和我们在电话里聊了很久，她劝导我们读书才会有更多的选择和更好的出路。我们考虑了很久，最终决定听裘萍老师的话回到学校继续完成学业。

再后来就是高二的时候有过联系。高一下半学期，我母亲突然离世了，这件事对我打击特别大。我开始拒绝和外界交流，把自己封闭在自己的世界里。这种状态持续了大半年，直到高二我的几个初中同学知道了我的情况，主动去联系了裘萍老师。裘萍老师听说以后，辗转找到我，在电话里和我谈心。

裘萍老师很有耐心，她每周都会和我联系一次，这样持续了一段时间。她对我不是简单的说教，而是会站在我的角度去理解失去母亲的痛苦；她也会站在我母亲的角度安慰鼓励我。每一次小小的鼓励、每一次聊天后排解掉的痛苦，让我慢慢地走了出来。

采访组：当初您成为高考状元以后为什么要选择报考厦门大学呢？又为什么会选择新闻传播这个专业呢？

陈富财：其实我成为高考状元以后还挺淡定的，因为我整个高三的成绩一直都很稳定，我母亲的事情也让我变得处变不惊。为数不多高兴的事情之一就是发现自己的分数能报考厦门大学，当时和学校的老师商量了一下之后觉得比较合适就报了。在填报志愿的书上，我看到了新闻传播学院。可能是因为裘萍老师出身于新传，就觉得新传特别温暖亲切，而我自己也对写作很感兴趣，所以最后填报了新闻传播学院。

现在毕业快10年了，我回想起来还是觉得那时候的选择是正确的。对我的人生来讲，厦门大学给了我第二次改变命运的机会，来到厦门大学学习对我来说非常值得。

采访组：您在厦门大学就读的时候也参加过赴宁夏支教的活动，当时是什么契机让您参与其中呢？又是什么驱动着您去做这件事情呢？

陈富财：我在大一入学时参加社团，看见"西部梦想"觉得特别亲切，于是就加入了。当时"西部梦想"支教的地点有两个，分别是贵州和甘肃，我和队员们积极协商以后，将海原县纳入了我们的支教计划。

2009年我带领十几个队员第一次到海原支教，和当年的研究生支教团一样，我把自己的个人经历分享给我的学生们，告诉他们当年我也是这样坐在教室里，并激励他们从这里走出去，勇敢地追寻自己想做的事情。2009年的支教结束后，2010年暑假我又回海原支教了一次。

至于驱动我做这些事的动力，我想应该是"传承"二字。既然之前我受到帮助，那么我就应该把支教这件事情传承下去，不应该让它断掉。我要尽我最大的努力去做这件事，不管是知识还是精神的传承，都要争取把我能做的事情做好。

采访组：社会上对大学生支教一直存在一些质疑，作为同时经历过"被支教"和"去支教"的学生，您能谈谈对这个话题的看法吗？

陈富财：我觉得这种质疑也有一定的道理，毕竟每年全国那么多大学生去支教，确实会存在走马观花的情况。但还是有一些大学生切实做了很多事情，所以我觉得对大学生支教不能一概而论。

而对于当地的学生来说，如果大学生只去支教一次，那么帮助肯定不会很大。我认为这就是厦门大学研究生支教团和其他大学生支教不一样的地方——他们持续、连贯地前往同一个地方支教。以海原为例，研究生支教

陈富财 2010 年暑期前往海原县支教

团已经连续去了海原二十几年，每次的支教周期都长达一年，一届又一届大学生在前赴后继地去做这件事情。

对我们海原本地人来说，厦大研究生支教团已经起到了潜移默化的影响，融入了我们的日常生活。 每年当地人都会讨论，谁家的孩子又被资助了，谁家的孩子又在支教团的帮助下考上大学了。 一个完全由刚毕业大学生构成的支教团，能对一个几十万人口的县城产生这么大的影响，我觉得是非常不容易且非常有意义的。

采访组：您选择创立“天仙农场”和家乡有关系吗？ 创业之后，您有想过为家乡做点什么吗？

陈富财：第一个问题我也经常在问我自己，当初为什么会创立“天仙农场”，选择卖水果来创业？ 我现在回想起来，这个行业其实是一个很难做的行业。 后来我琢磨着，选择这个行业可能和自己的成长环境有关系，和烙在我基因里的东西有关。

一方面，我的家乡宁夏海原曾经是一个荒无人烟的地方，所以我从小对青山绿水就特别热爱。 另一方面，虽然海原很荒凉，但我的父母还是在家门口建了一个果园，种了枣、梨、苹果等水果，一年四季我都能吃上家里产的新鲜水果。父母对自然生活的热爱对我产生了非常大的影响，这也是我创立“天仙农场”的重要原因之一。

关于第二个问题，其实我能为家乡做的事情不是特别多，但还是希望能尽自己的力量把家乡的特产带出来。因此我特地回到宁夏实地考察，看看能推广宁夏的哪些产品，后来成功地将长枣、枸杞等农产品放到我们的平台上卖，取得了不错的销量。

采访组: 从一个贫瘠的内陆县城走出来，来到海边的大学学习，又去往国外生活。您能谈谈从这一路跨越的心路历程吗？

陈富财: 大家可能是对中国内陆县城有一种刻板的印象，因为在 20 世纪八九十年代那边很闭塞，但现在也早有改观。我们那边其实也有很多年轻人现在走了出来，我觉得只要肯奋斗，大家都能过上不错的生活。对我自身而言，我的心路历程是：闽宁尽管隔山隔海，但只要先打开眼界，然后学习一些新的方法，再不断奋斗，山海也皆可化为平川。

陈富财在墨尔本

虎小云：Never give up

“中学时光中，每一年都会认识 2 位厦大来的老师，我记得很清楚，他们会亲切地喊我‘小云’，我们会尊敬地称呼他们一声‘厦大老师’。 他们和其他老师一样，在支教的一年里为学生授业解惑；他们又跟其他老师不一样，我们总会把心中的小秘密通过写纸条的方式告诉他们，把他们当作我们的知心大哥哥、大姐姐，期待着他们的回信。”

虎小云

采访对象：虎小云，现任海原县教育团工委副书记、教体局办公室秘书，曾任海原县关桥中学办公室主任、团委书记，初中就读于海原县关桥中学、高中就读于海原一中。 求学期间，受到了厦门大学研究生支教团第八至第十三届共六届支教老师的教育；任教期间，与第十九、第二十、第二十一届支教队员成为同事。

采访组：林宇阳　翟春蕾　韩喜　彭靖

采访时间：2020 年 9 月 12 日

采访地点：海原县教体局

虎小云接受采访

采访组：可以谈谈当年您的支教老师吗？ 有没有给您留下一些难忘的经历呢？

虎小云：难忘的经历肯定是很多的。 首先我想先简单地介绍一下我与厦大支教团深厚的缘分。 这要从我初中开始说起。

为什么说是深厚的缘分呢？ 我几个月前的工作单位海原县关桥中学是我的初中母校，它是厦大研究生支教团扎根海原教育 20 多年来唯一没有间断过的学校，所以从第八至第十届支教团队员里都有我的老师；初中毕业之后我高中是在海原一中读的，一中也是受助学校，所以从第十一至第十三届支教团队员里也有我的老师。 毕业之后我选择回到母校，所以从第十九至第二十一届支教团队员就成为我的同事，今年又认识了第二十二届的小老师们，所以我与 10 届队员都有交集，你们说这难道不是深厚的缘分吗？

采访组：在接触过的支教老师里，哪些老师令您印象深刻呢？

虎小云：现在回想起来，我之前接触的 10 届队员里，每个人都给我留下了印象深刻的回忆。第八届的衷娌老师是我遇到的第一个研究生支教团的支教老师，那时候她教我们英语，上课特别认真负责。作为女老师，她课堂上很严厉，但下课后就是我们的大姐姐，我们都特别喜欢她。我记得很清楚，我当时期中考试英语考了班里第一名，衷老师就叫我去她的宿舍，对我说了很多鼓励的话，让我好好学学，务必坚持读书考上大学，去看看外面的世界等。最后，她还拿出从厦门带来的糖果来奖励我，那时候我可开心了。

正因为衷老师的鼓励，后来我就更加喜欢学习英语，成绩一直名列前茅，最后上大学也是选择英语教育专业，毕业后成为一名像她一样的英语老师。

我们那时候最喜欢的就是下晚自习去衷老师宿舍聊天。那时我英语成绩好，每次我一说去找衷老师，大家就和我一起。当时还有一位支教老师叫蒲韵如，晚自习后，两位老师简陋的宿舍里总是挤满了学生。她们会听我们吐槽学校食堂里打的饭太少，宿舍有多冷，也会给我们讲如何学好各门课程，讲大山外的世界是多么精彩，大学生活是多么美好……等熄灯铃声响了之后，大家才依依不舍回宿舍。

还有一件事是发生在我爸爸出车祸那段时间。以往几乎每天晚上下课后我都去找老师们聊天，但是那段时间一下晚自习就回宿舍躺被窝里哭。衷老师从我们班同学那里得知我家里的事情后，还专门找到我，问我情况。当时我就哭了，两位老师也一起哭。之后老师了解到我爸爸在银川治病、妈妈也去银川看护爸爸，担心我一个人在家会饿肚子，还资助了我100元的生活费。这件事一直在我的记忆中。

一年时间很快，衷老师给我们上最后一节课的时候送给我们一句话，我也一直记在心里，三个单词：Never give up。这句话在我后来的求学以及工作中对我的影响很大。

采访组：从关桥中学毕业后，您到了海原一中，又接触了哪些老师呢？

虎小云：在海原一中的3年，我又有幸接触了3届厦大支教老师，更为有幸的是，我在2010年被选中，并和其他几位同学去上海参观世博会。当时带我们的正是第十一届支教队队长张东旭老师。

到了上海，令我印象很深的一件小事是张东旭老师私下带我们去看东方明珠。当时按照主办方安排，白天带所有人到世博园参观场馆，晚上在固定地点休息。但是张东旭老师觉得宁夏南部山区的孩子好不容易到了上海，不去看看上海地标性建筑——东方明珠就太可惜了，所以某天晚上他私下带着我们几个大孩子乘坐地铁去了黄埔江边。我记得那次去上海是我第一次坐飞机，第一次坐地铁，很多的第一次。张老师带我们漫步黄浦江边，看东方明珠后，还带我们去附近一个日本餐厅吃日本甜点。对于我们来说，这些都是很新鲜的事物。那天晚上，我们最终也按规定的休息时间回到了休息的地方。其实张老师本也可以不带我们去外滩的，但是他希望我们去看更大的世界，更加丰富多彩的世界。

中学时光中，每一年都会认识2位厦大来的老师，我记得很清楚，他们会亲切地喊我"小云"，我们会尊敬地称呼他们一声"厦大老师"，他们和其他老师一样，在支教的一年里为学生授业解惑；他们又跟其他老师不一样，我们总会把心中的小秘密通过写纸条的方式告诉他们，把他们当作我们的知心大哥哥、大姐姐，期待着他们的回信。

采访组：工作后，支教老师又成为您的同事，能谈谈对他们的印象吗？

虎小云：工作以后呢，每年我还是会认识2位厦大老师，只不过他们是小我几岁的弟弟妹妹了，我们在工作中合作非常愉快。第二十届是苏才立老师，他刚来时教我们班的数学，之后又因为学校岗位调整换了几次科目。我们平时工作接触比较多，当时我是班主任，更多的是帮助他们适应这里的生活。我记得他临走时我去送他，当时还挺伤感的。因为以往支教队员走的时候都是悄悄走的，那次正好队员们都走了，就剩下他一个人最后走，我就目送着他离开。离开前一天，我去他宿舍里看他，他在收拾着东西也挺伤感。他正好是第二天晚上的飞机，第二天白天他又来找我吃了个饭，我还带他去家访了一名学生。

我最新接触的这些同事，这些弟弟妹妹们，他们在学校的教学、团委、政教以及校园活动中都是兢兢业业，努力负责。正如第十九届支教队队长黄泽华说："我们是革命的一块砖，哪里需要哪里搬。"

我想说，感谢厦门大学，感谢厦门大学研究生支教团的队员们，20 多年的爱心接力很不容易，我相信对于每个孩子来说，支教老师对他们的影响绝不仅仅只是一年的时间，而是很长很长的时间，甚至是一辈子，我就是很好的证明！谢谢你们！

采访组：您觉得当年这些支教老师对您的择业选择有什么影响吗？

虎小云：我是从初中才开始学习英语的，衷老师算是我的启蒙老师，她上课的方式我非常喜欢，受她影响，那个时候我就很喜欢英语，之后中考、高考都是英语考得比较好。最后我选择师范类的英语专业，成为英语老师，可以说衷老师是一个很重要的影响因素。

采访组：您还和当时的支教老师保持联系吗？想和当年的支教老师说些什么吗？

虎小云：我接触的支教老师有点多。可惜，初中那三年的支教老师后来基本上没有联系过，因为那时候通信也不方便，也没有留下联系方式；高中时的老师们都留了 QQ 和微信，有时候也会联系。我想对他们说："我很想念你们，非常感谢缘分让我们相遇。你们的到来给我的学生时代以及后来的个人成长带来深刻的影响，包括性格的培养、好习惯的养成、眼界的开阔、心智的成长、兴趣爱好的建立等，我也没有辜负你们的期望，顺利完成学业，并且不忘初心回到母校从事教育工作，也希望你们有时间、有机会来海原看看。"

采访组：您现在工作每年也会接触支教队员，最近的这几届队员给您的印象和当年教您的队员一样吗？ 有什么变化呢？

虎小云：感觉还是一样的，我从他们身上还是能感受到敬业、责任、素质、胸怀、奉献、包容、谦逊以及幽默。 无论是在教育教学方面还是在政教、团委工作，他们都认真踏实、责任心强、做事果断、时间观念强，并有很强的团队合作精神与合作能力。 和他们这样一群热血青年共事，每天都很有动力！

采访组：这几十年来，海原县有了很大发展，扶贫成果显著，在这样的背景下，您觉得支教重心有什么变化或者调整吗？

虎小云：据我所知，近些年来，厦大研究生支教团助学工作这一块做得特别好，给予孩子们很多帮助，为孩子们的学习与生活锦上添花。 近几年，海原县大力推进脱贫攻坚，已于 2020 年 1 月达到贫困县退出标准，老百姓的日子也好起来了，还有县上的各类学生资助政策，有效保障了各学段学生接受教育，巩固了贫困家庭经济困难学生求学的基础。

教育是国之大计、党之大计。 我觉得支教工作重心转移应该以新的教学理念为指导,以培养学生创新精神、实践能力为突破口,充实完善自己的教育教学思想,转变教育教学观念,不断提高自己的理论水平和实践水平。 同时，老师们还应该静心研究新课程标准，多读教育教学书刊,不断地学习新的现代化教学方法和新的教学理念,并把它用于课堂教学实践中,培养德智体美劳全面发展的社会主义建设者和接班人。

采访组：您工作后接触的支教老师和当地老师有什么不一样？ 支教老师有什么可以改进的，或者可以补充当地教育资源的方面吗？

虎小云：之前我在大学的时候也支教过，支教这一年收获的东西真的是太多太多。 当时我们主动联系了永宁县的村子，举办了一个支教的活动，把学生聚集到一起，克服没桌子、没课本的问题。 经历过这些，我本身感触也比较深。

支教老师和当地老师是有差异的，比如身份、教学方式、学生管理等方面。支教老师在学校的工作时间只有一年，在教学方法上，往往忽略学生长期的培养，也可能忽略学校的整体办学方向和风格。当然这就得要求支教老师潜心琢磨本校和本校教师的教学方式，与当地老师有效协作，才能有地放矢地发挥自己的价值。

采访组：作为闽宁协作的一部分，我们在海原教育扶贫接力22年，这22年的坚守对当地教育有什么影响？您现在也是海原县教体局团工委副书记，您对厦门大学研究生支教团未来的教育工作有什么期待和展望？

虎小云：这20多年来，闽宁协作促使我们宁南山区的教育发生历史性的变化，我们的"两基"攻坚，义务教育均衡发展，都凝聚着福建教育人的心血，厦门大学研究生支教团在这漫长的22年的爱心接力中，在海原大地上播撒下希望的种子，种子在这片土地上生根发芽，使很多像我一样的学生得到知识与希望的力量。我相信，这份力量会通过一代代人的努力传递下去。

李克俊：厦大研究生支教团的老师为孩子们打开心灵的窗户

“我希望让我们学生从思想上改变，虽然人在关桥乡，但是思想要走出去看世界。厦大研究生支教团帮助学校的不单单是教学，在学校的发展过程当中，教学可能是一小部分，更重要的是打开学生心灵那一扇窗户，增强他们想走出去的欲望，以及让学生们感受到从他们身上体现出来的力量和精神。”

李克俊

采访对象：李克俊，现任海原县关桥中学党支部书记、校长，曾任海原县回民中学政教主任、副校长。自 1999 年厦门大学第一届研究生支教团成立，迄今为止见证了 22 届厦大研究生支教团成员的成长。2005 年被闽宁联合表彰授予“贫困地区优秀班主任”称号，近年来多次被海原县委县政府授予“优秀校长”称号。2019 年 10 月 24 日，曾作为全国唯一受援地学校代表在共青团中央“中国青年志愿者扶贫接力计划研究生支教团实施二十周年报告会”上发言。

采访组：林宇阳　翟春蕾　韩喜　柯信玉

采访时间：2020 年 9 月 12 日

采访地点：李克俊家中

采访组：李校长好，您还记得第一次见到来自厦门大学研究生支教团的队员时的情景吗？

李克俊：2000 年至今，支教团和我个人之间一直是颇有渊源的。我的家乡海原县，曾被联合国粮食开发署评定为最不适宜人类生存的地区之一，也是国家扶贫工作的重点县。20 年前，我还是一名普通老师，一群厦门大学的孩子来到了这里，他们就是厦门大学第二届研究生支教团的支教队员。我那年刚好带初二，厦门大学支教团的队员中就有一个人接了我的课，教初二政治。也是从那时候开始，我跟厦大研究生支教团的这些支教队员走在了一起。

2000 年的时候真缺老师呀，学校条件也十分艰苦。厦门大学支教队员来了之后，就住在简易的平房里。我印象最深的是，秋季支教队员刚来的时候，也正是我们这个地方沙尘暴的时期。平房密封不严，所以沙尘暴就很容易吹进房子里面去。因为刚好那个老师接的是我的课，所以我比较关注他，每天早晨都会去他的房间看看。他就跟我说："李老师，我满嘴都是沙子，特别难受。"

另外一种情况就是用水不方便，需要从平房跑到另一端水房去打水。沙尘暴时，他们就把床单折成一个斗篷一样，两只手抓着床单，从平房跑出去，上完厕所、打完水再回来。

采访组：厦大研究生支教团在海原 20 多年的教育接力中，有让您印象深刻的支教老师吗？有什么印象特别深刻的事吗？

李克俊：我到关桥以后，这几届的队员我都印象特别深。黄泽华，上届的王中华、余哲炜，还有上上届的苏才立。来这支教的老师都是哪里需要哪里上，全科教学。说实话，想起来真的感觉到有好多好多的事情说不完。

比如黄泽华和王中华，他们特别能和我们当地老师融在一起，因为我们和农村学校老师之间缺乏的就是一种课后的交流与互动，刚好他们能融进去，一起打篮球、打羽毛球，还一起去后山玩。不单单是他们能跟我们的老师融合，最关键的是，他们对学校发展起到了推动作用，这是一种隐性的东西。支教老师不是说一定要干些惊天动地的大事，那种融入乡村，和当地老师们交流，给老师们带来潜移默化的影响，我觉得这是一个巨大的变化！

我还记得，2000 年跟厦大研究生支教团某位队员在交流的时候，他告诉我，感觉到我们这个地方的人生活压力不大。我很好奇，就问他什么意思？能说具体点吗？他就说："你们学校的老师走路的步子频率和到办公室后的状态都是慢悠悠的，这在厦门是看不到的，厦门上班的人，都是在挤公交，为了节省时间早餐都在公交车上吃。"从那时起，我就希望和研究生支教团队员有更多的交流来改变我们学校老师的生活状态。

我希望让我们学生从思想上改变，虽然人在关桥乡，但是思想要走出去看世界。厦大研究生支教团帮助学校的不单单是教学，在学校的发展过程当中，教学可能是一小部分，更重要的是打开学生心灵那一扇窗户，增强他们想走出去的欲望，以及让学生们感受到从他们身上体现出来的力量和精神。比如说中华和哲炜两位老师，有一天晚上，我们的老师都离开了，等到他们走的时候听到楼道里还有声音，走近看才发现有两名学生作业没做完，他们就把手机的手电筒打开，让学生把作业做完。

还有哲炜带着我们的孩子到山上去，给学生讲在关桥乡发生的革命故事。每一个地方都有一个故事，每一个地方的故事对学生都是一次教育，每一个地方都有一个历史知识，所以他就带着学生去爬山、去看红军井。厦大研究生支教团的队员们在学校工作过程中，除了完成自己的教学工作之外，更深层是对我们学生心灵上的影响。

采访组：您觉得这几年的支教活动对你们当地的教育发展有什么样作用呢？

李克俊：我们学校教师呈现结构性短缺的特点。第一，从老师的年龄上说，年轻教师居多。第二，从老师的性别上来说，女老师居多，每年都有请产假的情况。这时，支教队员就发挥作用了。他们的到来对我们农村中学来说，无疑就是雪中送炭。支教队员都是高才生，无论到哪所学校、哪个岗位，都能独当一面。学校缺哪门学科的教师，支教队员就带哪门学科的课程，这样一来就极大地缓解了学校师资短缺的问题。但是这样辛苦了这群支教的老师们了。

泽华当时一个学期内教了历史、地理、语文、数学，还有体育。单说我们上个学期，一共 10 个语文老师考走了 6 个，只留下 4 个老师，但是又因为产假走了 2 个。所以全校 20 个教学班只有 2 个语文老师，连毕业班都开不了语文课。现在加上研究生支教团的 3 个老师，才 5 个老师，也是很少的。所以现在第二十二届 3 名队员承包了整个八年级的语文，而七年级的语文暂时还没办法开课，我们就让每个班的学生到图书室里领一二百本书，每天晚上就写读书笔记，增加阅读量，起码学生也动起来。

采访组：您觉得，我们这些支教老师的身上都有怎么样的品质和共同点呢？

李克俊：首先就是我前面提到的敬业精神。还有就是，厦门大学是陈嘉庚先生创办的百年老校，支教老师身上体现的自强不息的厦大精神，这对我们孩子的影响很深刻。

与我们这边的毕业生相比，支教老师的文化知识储备更丰富。因为这些文化知识的储备，支教老师能在课堂上谈天说地，上知天文、下知地理，这对我们孩子是一个很大的启发。孩子会想，为什么这些老师懂得那么多？这些知识从哪里来的？读书而来！这是他们对学生的隐性影响，他们在课堂上侃侃而谈能让我们的学生感觉到，老师的知识很渊博，这会激励我们的学生努力学习。

所以，后来我就把学校教学楼上面的几个大字从最初的“百年大计，教育为本”，换成了“梦想从学习开始”，希望对我们的学生和老师都有所启迪，让他们每天看到这句话都能有新的想法。而这句话也是习总书记对学习的最新论述，梦想从学习开始！对孩子们来说，在学校里只有学习能够成就他们的梦想，除此之外，没有别的办法。这些东西并不是僵化的知识，而是对学生内心的一种感化。

采访组:在被厦大支教老师教过的学生中，有没有特别令您印象深刻的？支教老师对他们有什么影响？

李克俊:20年来，我校近3000名毕业生圆了大学梦，为近3000个家庭带来了脱贫的希望。在我们周围，每当说起厦门大学的支教老师，没有一个不竖起大拇指的。当年厦大支教队员们教过的学生，如今有公务员、特岗教师、乡村致富带头人、自主创业者等。这些孩子受到了支教队员的言传身教和精神熏陶，将自己的一身本领和青春热血反哺到家乡的建设中来。

例如，我校2008级毕业生虎晓云（化名），用厦大支教老师送给他的那句“永不言弃”作为座右铭，顺利完成了高中和大学的学业，毕业后又回到了母校工作。他在所有青年教师中是比较优秀的，他之前担任我们关桥学校办公室主任兼团委书记，还带两个班的英语课。现在到了海原县教体局做团工委副书记，可谓是年少有成！他经常念叨的一句话就是，没有厦大支教老师的感染和鼓励，就不会有他的今天。

还有我们关桥中学2010届毕业生马晓花（化名）和她的妹妹马晓玲（化名），从关桥中学，以优异的成绩考入了海原一中。在高考的时候，又以优异的成绩考入厦门大学，成为你们的学姐。她们曾经历过6届研究生支教团的老师，并且和第十九届的黄泽华成为院友。可以说，这一种“厦大情”成为她们一生中不可磨灭的印记，当年教过她们的那6届支教老师一定对她们影响颇深！

采访组:您能分享厦门大学研究生支教团在捐资助学方面对当地学生的帮助吗？ 有没有一些您印象深刻的故事?

李克俊:比如我们学校的李晓雪（化名）。 她患病时，我们搞了个募捐活动，从前期学生患病到学校募捐，再到后来厦门大学研究生支教队员的持续跟踪，一直到李晓雪休学之后，两届研究生支教团一起完成这个小女孩的心愿。

那天我们给李晓雪募捐，她的妈妈从开始哭到最后。 她爸爸作为一个男人，在强忍着。 我自己在主持募捐活动时，好几次都心里难受而被迫中断。 我觉得同样的小孩，为什么命运这么不平等，但好在我们有关桥中学的1000多名学生捐款，有厦门大学研究生支教团的队员支持，他们号召全国各地爱心人士帮助，使得她能顺利地走上高中，并圆她的大学梦。

再比如暖冬行动。 暖冬行动这个捐资助学活动就是给学生发一个耳套、一个小围脖或者一个小手套。 我记得那年冬天是真的冷，但是我们的老师和同学纷纷表示，有了厦门大学研究生支教团队员们的牵线，这样一个慈善捐赠活动，使我们今年这个寒冷的冬天变得温暖了。

这种类似的活动我们学校也搞了很多次，包括爱心书、爱心包裹，还有捐资。 学生领到一个手套、耳套和自己花钱买来的感觉是不一样的，孩子们会更加珍惜，会记得这是支教老师们为他们联系捐赠而来的。

还有捐资助学，厦门大学支教老师联系爱心人士捐助的奖学金，这个奖学金来之不易，也有很特殊的意义，他们会想到要把这个钱用在该用的地方，用在学习上。 他们花钱的渠道变得不同了，想法变得不同了。 比如说虎晓云，他曾是一个受益者，多年后回过头来，他又会因为心怀感恩之心回报社会。 你看这就是捐资助学隐含的深层的意义，是对我们娃娃潜移默化的教育。

采访组:您是关桥中学的党支部书记、校长，您能和我们分享一下，这20多年厦大研究生支教团与关桥中学的情缘吗？ 关桥中学这几年有什么新的发展变化？

李克俊：我到关桥中学任职以后，了解到厦门大学是唯一支持关桥中学20年且没有中断的学校。我们学校是一个农村寄宿制初级中学，20世纪70年代初建校，当初只有2个班级、不到100人，现在有31个班级、1500多名学生。20多年来，厦门大学的支教队员们见证了关桥学校的发展和变化。他们做的“这条小鱼在乎”助学活动代表了厦门大学研究生支教团队员们多年以来一直传承的精神。

当年我到关桥中学的时候，我也住在平房里，有暖气，但是说实话，到了晚上仍然感觉冻得疼。而他们（支教队员们）就住在第一排房子里，可想而知是很艰苦的。更早几年之前的条件，则更加简陋，用的是煤油灯，吃不上水，还时不时有沙尘暴。我到学校后就多次在教工会议上强调关桥中学多少年来的变化，让新进来的老师和新来的学生也知道我们这种变化。虽然条件差，厦门大学研究生支教团对我们的帮扶一直没中断过。比如学校现在使用的运动场地——上弦月运动场，这里曾经是坑坑洼洼的土操场，就是因为支教队员的努力，四处募捐让操场变成了水泥场地，现在又变成了塑胶运动场，越变越好。我刚到关桥的时候，学校的篮球架是用钢筋绑扎起来的一个独臂的篮球架，我们通过多方面争取才弄来了一个玻璃篮板，去年又做了塑胶篮球场地，华润集团也提供可饮用的纯净水加热器。关桥中学硬件设施的改变都由厦门大学研究生支教团老师们牵头发动爱心人士捐资带来的。所以说，关桥中学学生的变化、学校硬件设施的变化，以及这种精神的传承，都是和厦门大学研究生支教团紧紧联系在一起的。

这几年学生越来越多，而其他的乡镇学校的学生都在萎缩，距离县城很近的西安中学现在全校学生只有100多人。我们学校的学生数量，2015年是1066人，去年达到1571人。这就是为什么我在国家教育行政学院学习的时候，我的班主任非要让我发言的原因。他说作为一个农村学校，现在学生数都在减少，优质生源都到县城去了，而你的学校学生数还越来越多。而且我们学校近四年来，教育教学质量稳居全县初级中学第二名、乡镇初级中学第一名，高中升学率达到了86%，先后被司法部、区、市、县等部门授予“零犯罪学校”“民族团结先进集体”“安全文明示范校”“中考质量一等奖”“教育教学质量先进集体”等荣誉称号。

我到关桥中学时就想要把之前的成果巩固住，在学校硬件设施、办学规模上，尽可能去提升。我们的支教老师非常努力，往往很晚了还看到他们在辅导学生，有时灯光较暗，他们就打灯让学生完成作业，这是夜空最亮的星，点亮心灵的灯。

我们关桥中学，正是因为老师的敬业、学生的勤奋，以及支教团队员们无私奉献的精神，才有了现在的成绩。

采访组：您觉得支教老师和当地老师相比有什么不一样？最大的不同在哪里？

李克俊：厦大研究生支教团的老师和我们学校学生的关系特别好，他们既是严师，也是大哥哥、大姐姐。在支教团老师的宿舍里有一个书架，支教老师经常带学生去看书，除了学校图书室的书，还有研究生支教团捐赠的书。每次都会有七八个学生，甚至十多个学生到老师的宿舍去看书。我觉得研究生支教团的老师给学生选择书的时候是有指导性的，知道这些孩子应该去读哪些书。

学生会去宿舍找研究生支教团的老师，这就是他们和其他老师不一样的地方，因为他们感觉和支教团的老师亲近，什么话都能说。而我们当地老师的宿舍，他们不敢去。为什么不敢？因为害怕老师，敬畏老师。我注意观察过，下了晚自习我去看这些学生，经常发现他们在往四楼走，而且总有学生在往上走而不是回宿舍。到后来我才知道，原来学生都是去支教老师的宿舍找老师一起读书、聊天。

还有就是我先前所提到的，支教老师有更渊博的知识、更宽广的眼界，能给孩子们带来很不一样的东西。

采访组：关桥中学的教育资源也在不断完善，您对接力的支教老师有什么新的期待？ 您对厦门大学研究生支教团未来的教育工作有什么期待和展望？

李克俊：我觉得不只是我们学校，可以说，全县的农村学校比较缺少音、体、美之类的老师，还有专门负责做科创课程的老师。 有了他们，就可以把我们科技馆现在的设备，比如 3D 打印机、机器人、无人机等用起来。

这也是我们本地老师做不了的事，而厦门大学研究生支教团的老师就能很好利用这些来帮助乡村学校。 我觉得，如果我们一起把这方面做好，就可以和其他学校一样，参加各级比赛，甚至全国的各种比赛。 让学生动手操作，也是对学生智力的开发。 虽然我们现在参加不了科创比赛，但是可以一步一步慢慢做起来。 我们学校的老师的确少，但是也必须把孩子全面发展起来。 全面发展，靠死读书，读死书，是不行的。 兴趣课程对学生来说是学习之外的调节，是对他们的兴趣培养。 希望有更多的教师资源来支持我们学校多元化发展。 目前由于老师紧缺，我们还是不能把研究生支教团的老师腾出来，让他们来做这些科创、艺术课程，希望之后情况有所解，我们能把这一块给补上吧。

其他方面，比如说在团学工作方面，希望能引进东南沿海丰富的团动来进一步支持学校的发展。 最后，我觉得捐资助学方面你们已经做得特别好了，真的已经特别好了，希望继续保持。

20 年来的爱心接力真的让我十分感动，我向厦门大学致以最崇高的敬意和衷心的感谢：谢谢你们二十年如一日地对西部贫困地区的教育帮扶。希望你们每一届的支教队员，都能在这里实现你们的青春梦想！

第三部分

历年相关新闻报道精选

《中国教师报》：22 年爱心接力　闽宁对口扶贫上演教育“山海情”

2021 年 2 月 6 日

“我是从福建来的支教老师。”“这厦大的高才生，你不留在县里教一中，去教村小。”近日，讲述闽宁对口扶贫协作故事的电视剧《山海情》在全国热播，引发全民关注和热议。

剧中的许多人物、故事在现实生活中都能够找到原型，其中放弃县城优越条件，毅然选择下乡去村小支教的“厦大高才生”郭闽航，其原型正是厦门大学研究生支教团等援宁支教青年志愿者。

从南国海滨到北疆戈壁，这是一场跨越 2000 多公里的守望相助。

1999 年，共青团中央发起“中国青年志愿者扶贫接力计划”研究生支教团项目，厦门大学积极响应号召，首批参与该计划，并按照闽宁协作精神，将支教点确立在国家扶贫重点工作县——宁夏海原，由此展开了厦门大学连续 22 年扎根海原教育扶贫的壮美画卷。

从 1999 年到 2021 年，241 名支教队员足迹遍布宁夏海原县、隆德县、闽宁镇，长达 22 年的爱心接力，厦门大学研究生支教团一直都在上演着现实版“山海情”。

“当年我满怀豪情报名了首届研究生支教团，成为全国首批 101 名支教队员中的一员，不知不觉已经过去了二十余年，但是想起支教期间的事，仿佛就发生在昨日一般，一生中能有这样的一年，无悔。”第一届支教团队员张秀丽每每回忆起那段难以忘怀的时光，眼神总在闪闪发光，难掩激动的心情。

张秀丽支教所在的三合乡非常缺水，且水质很差，又涩又苦，一杯水需要加入好多糖果珍粉来进行调和。 她为了省水不洗澡，尽量不运动，“因为不出汗就不会有那么强的洗澡欲望”。

尽管条件艰苦，但“自找苦吃”的她一刻都没有停下奉献的脚步。对她而言，孩子们的纯真善良、勤奋刻苦是至今难忘的温暖记忆。

“那时由于电费贵，下课后学校就停电了，学生需要点蜡烛来学习。我的宿舍在教室隔壁，晚上九点左右批改完作业，我拉窗帘准备去睡的时候，发现窗台外挤满学生。原来，他们是为了来我窗台外蹭那微弱的灯光学习。”

点滴经历让张秀丽更加坚定了教育帮扶的初心与使命。当她描述外面的世界时，孩子眼中的惊奇与渴望令她百感交集。当时她就暗暗下决心，一定要尽最大的努力，让这些孩子考上好的学校，让他们看看外边的世界。

首届支教团成员张秀丽再次回到海原时与当年受助学生合影

“我这个来自千里之外的年轻人，能否用自己的梦想点亮这里孩子们的梦想？”这是支教团第七届队员叶楠第一次踏上黄土高原时对自己提出的疑问。在之后的时间里，他用一年的青春，给了自己答案，也给了那群孩子最好的答案。

叶楠正在上课

叶楠在他的支教纪实《把梦留住》一书中，记述了一段他在海原县西安乡西安中学与那群西部孩子畅聊梦想的经历。

课堂上，一名瘦小的小男生或许知道自己要第一个上台展示，衣角已经被“蹂躏”了好几个回合，脚底的那块地方也被他的布鞋蹭得发亮，最后在雷动的掌声中走上了讲台。

像是鼓足了气的皮球，他用清脆的声音说：“我的理想是做一名农村老师，最好是一名农村语文老师。 因为我觉得叶老师说得对，我们这里的人普通话不太标准，这样会妨碍我们和外界的交流，也不利于我们家乡的发展。 而且，作为一名中国人，我们只有学好普通话才能更好地建设祖国。”叶楠在书中写到，“我不仅为他的‘普通话强国论’所震撼，更为他的朴实抱负所打动。”

在那群质朴的孩子中，几乎没有人表示要做企业家、要从政做大官，他们的目标几乎都集中在了老师、警察、医生或者司机上，那些孩子清澈的眸子里，却闪耀着向往的光芒。

扶贫必扶智。 叶楠说，这群孩子就像大山沟里不为人知的小草，每次在西海固的高原上看到这些顽强的小草，便觉得他们带着生命的希望在抗争。教育是阻断代际贫困的最好方式，点亮每个孩子的梦想与理想是延续教育的最亮明灯。

“初到宁夏，我感受到了西部教育环境日新月异的变化，教室不是想象中的低矮昏暗，教学楼宽敞明亮；坑坑洼洼的沙土操场，如今变成了带塑胶跑道的运动场。在国家扶贫政策的支持下，新时代的西部已经不全是‘荒凉’‘落后’的面貌，孩子们也没有人们想象中那么‘内向’与‘自卑’。”第二十届研究生支教团队长苏才立观察到了西部发生的巨变。

他还提到，发生改变的不只是西部教育的环境，同时还有大众的思想观念。从“读书无用，趁早出来打工”到“老师，您在厦门大学等我，我一定会考上厦门大学去找您的”，新时代下，孩子们渴望获得更多的知识、掌握更多的技能。

第二十届“研支团”成员苏才立与学生的合影

2020年7月，厦大研究生支教团又来到了闽宁镇，举办了“七彩假期”的活动，在辅导留守儿童专业课程的同时，传授包括音乐、美术等在内的兴趣课程。

招生那天，得知厦门大学的研究生要来举办七彩假期的活动，许多孩子一早便自行来到了报名点排起了长龙，报名学生远远超出预计的规模。

一些没为孩子报上名的家长请求：“老师，就再多收一个娃吧！”

正在支教的第22届研究生支教团队长林宇阳表示，看着家长和孩子们期待的目光，他们意识到，这里的孩子充满了对知识的渴望、对学习的热情。家长们也都希望孩子可以尽可能地多读书，并能接受一些新事物、一些美育，但他们缺少的是更多的老师和志愿者来为其传道授业解惑。

一个月后，当“七彩假期”结束，支教团队员即将离开的时候，孩子们有的拿着自己画的小卡片，有的拿着写着小秘密和祝福的笔记本，有的甚至拿着硒砂瓜要送给他们。

许多孩子将支教团队员“围堵”在教室，哭着问：“老师，你们明年还来吗？”林宇阳告诉他们：“老师明年不能来了，但厦门大学研究生支教团的其他老师一定会每年都来的！”

经过20多年扎根“西海固”的接力耕耘，厦门大学研究生支教团已成为厦门大学青年志愿者活动的品牌项目，得到了社会各界的广泛赞誉，在服务脱贫攻坚、闽宁协作中贡献了厦大学子的青春力量。在2020年，厦大研支团教育扶贫案例也入选国务院扶贫办“志愿者扶贫案例50佳”。

长期以来，厦门大学研究生支教团坚持“以教学工作为根本，以特色活动为品牌，以爱心助学为补充”的工作模式，立足地方、发挥优势，扎实做好教育教学任务。支教队员们带去的翻转课堂、情景模拟、体验教学等先进教学方法，广受当地师生欢迎并迅速得到推广。

课堂以外，支教队员们积极发挥自身特长，组织开展了“艺术守望者”“嘉庚号海洋大讲堂”“七彩假期”“解忧杂货店”等系列第二课堂活动，组建合唱团、啦啦操队、国旗班等学生社团，丰富了当地的校园文化生活。成立研究生支教团先锋党支部，以“青言青语”开展党的政策和理论宣讲，组织“身边的‘四史’重走长征路”主题实践活动。

支教团还积极开展扶贫帮困、助学公益活动，走进直播间为当地特色农产品代言；在社会各界和学校的支持下，支教团帮助当地学校改善硬件设施，募集“一帮一”助学资金共1070余万元，走访、资助家庭贫困的学生近2万名，帮助孩子留住求学梦想超过5000名，同时还促成了1所希望小学建设项目，救助了2名先天性心脏病儿童。

“曾经荒凉的土地上，怎会铺开绿色的山岗？ 曾经苦涩的汗水里，怎会浇灌出朵朵花朵？”一代又一代厦大学子秉承着“自强不息，止于至善”的厦大校训精神，参与并见证了这片“地上不长草的‘干沙滩’”，变成如今已成为习近平总书记所说的“金沙滩”的历史性时代巨变。

电视剧《山海情》的故事已经落下帷幕，而西海固、闽宁镇的故事还在继续，厦门大学研究生支教团的教育扶贫、爱心接力还在继续。

真情奉献，久久为功。 他们将立足新时代，展现新作为，弘扬奉献、友爱、互助、进步的志愿精神，继续以实际行动书写新时代的雷锋故事，续写情比金坚的“山海情”。

光明网:《山海情》中支教老师原型来自厦大

2021 年 2 月 1 日

近日，讲述对口扶贫协作故事的电视剧《山海情》热播，在全国引发关注。剧中放弃县城优越条件、毅然选择去农村小学支教的“厦大高才生”郭闽航，原型正是厦门大学研究生支教团里的援宁支教青年志愿者。

据了解，厦大研究生支教团一直都在上演着现实版“山海情”。这是一场长达 22 年的爱心接力，从 1999 年到 2021 年，厦大研究生支教团共有 241 名支教队员的足迹遍布宁夏海原县、隆德县、闽宁镇。

曾“拦下”打算辍学的学生　追剧产生共鸣

厦大研一学生许继聪曾担任厦大第二十一届研究生支教团隆德分队队长，于 2019 年 7 月至 2020 年 7 月在隆德四中支教一年。

最近《山海情》热播，许继聪也在追剧。因为有在宁夏西海固支教一年的经历，他追剧时的心情更复杂:“对剧中的方言倍感亲切，甚至还能吐槽某些片段的口音不够正宗；总觉得如果再多给自己一年时间，会把支教工作做得更多、更好，因而难免有遗憾。”

“这部剧让我泪目的场景太多了。”许继聪说，感触最深的是剧中白校长拼尽全力挽留要辍学打工的孩子们，特别是他骑着自行车去拦大巴车，追回赴闽打工的学生海春玲。这一幕之所以触动心弦，是因为他在支教过程中也做过类似的事，这一切都太真实了。

2019 年 10 月，许继聪听说有个初三年学生打算辍学，他感到很纳闷。“临近毕业为什么不想读书了？”他找到学生了解情况，得知这个学生的妈妈多年前因车祸听力受损，没法正常工作，作为家中顶梁柱的爸爸又突发心脏病。这个懂事的孩子就想去打工，减轻家庭经济负担。许继聪多次给他做思想工作，还帮他申请助学金，最后这名学生才打消辍学的念头。

曾想多留下一年　可惜心愿未能达成

《山海情》中的白校长是援宁支教教师队伍的缩影。许继聪说，他没有像白校长那么伟大，一生扎根西海固。不过，在一年支教期满时，他也曾想申请多支教一年。后来，他了解到厦大研究生支教团没有这种先例，如果以西部计划志愿者申请留下，可能会被安排到县里的行政岗。最终，他的心愿未能达成。

支教结束后，许继聪回到厦大读研一。去年 10 月，隆德下了第一场雪，学生第一时间就给他打电话。“太想念那些孩子了。”许继聪说，尽管只有短短的一年，但他跟孩子们建立了非常深厚的感情。

在隆德四中，许继聪任教的是地理学科。他在每节课前留了几分钟的自我展示时间，每个学生轮流上台介绍自己。一年下来，很多学生都变得开朗了。他还和其他支教队员积极推进“智慧教室”建设，运用互联网技术，大力开展“第二课堂”活动。

去年 6 月，支教队员充分利用厦大优质资源，组织隆德三小和隆德四中的师生一同观看厦大“嘉庚号海洋大讲堂”直播，学生们与一线科研人员交流互动，激发他们对海洋的好奇心，了解不一样的世界。支教队员还开展“凤凰花”班系列活动，利用暑假带领隆德县边缘乡村的少年儿童到县城参加各种活动，开拓他们的视野。此外，支教队员还多方筹集助学善款，资助家庭困难、品学兼优的学生。

为了一年的支教　曾放弃保研资格

去年上半年，因为疫情，学校迟迟没有开学，许继聪的返校申请直到 5 月份才被当地教育部门通过。到了隆德，他才知道根据当地的防疫政策，要先隔离 28 天才能进学校。但学生们盼着赶紧见到他，最后，学生们派了一个家在附近的同学为代表，到隔离地外跟他“隔墙相望”，还拍下视频发到班级群里。当许继聪隔离结束后回到学校，学校已经安排其他老师授课。让他又意外又感动的是，学生们背着他，联名写了一份申请给校领导，希望把他调回来。

大三时，许继聪原本有保研资格，但他希望能“用一年不长的时间，去做一件终生难忘的事”。于是，他果断放弃推免名额，申请加入研究生支教团。许继聪说，现在回想起来，放弃保研并没什么，因为这一年里他收获了太多！

网上也有人质疑，一年的支教时间能改变什么？许继聪说，扶贫先扶志，扶贫必扶智，志向的培养是一个长期的过程，而观念的改变更是一个艰难的征程。支教的意义是以教育为梯，让他们看到更远、更广阔的天空，面对未来，能够做出自己满意的选择。

《福建日报》：扶贫路上的青年志愿者

2020 年 9 月 14 日

在打赢脱贫攻坚战的战场上，活跃着这样一群人，他们的名字叫扶贫青年志愿者。围绕政策宣讲、信息对接、项目帮扶、问题反馈、效果评估、支教助学等内容，他们开展专项扶贫志愿服务活动，为扶贫攻坚大业添砖加瓦。

从 2004 年起，我省在实施大学生志愿服务西部计划的基础上，每年招募 300 名大学生志愿者到三明、南平、龙岩、宁德欠发达地区的乡镇开展为期两年的基础教育、农业科技、医疗卫生、基层青年工作、基层社会管理等方面的志愿服务。从 2016 年至今，已有 1500 名志愿服务欠发达地区计划志愿者在三明、南平、龙岩、宁德开展脱贫攻坚志愿服务。他们用自己的青春和热血在脱贫攻坚的道路上奉献自己的力量。

“老师，我想考大学”

海水退潮后，大量的鱼被搁浅在海滩上。一个小男孩见状，捡起鱼一条一条地往海里扔。有人劝他：“孩子，这么多鱼，你救得过来吗？”“我知道！”小男孩回答。“那你为什么还在捡？谁在乎呢？”面对质疑，小男孩一边捡鱼一边回答：“这条鱼在乎！这条也在乎！还有这一条，这一条……”

在厦门大学研究生支教团中，一直流传着《这条小鱼在乎》的故事。这个故事是第十四届队员晏一铭在为当地孩子劝募助学资金时分享给队友的。从那时开始，一届又一届的支教队员秉持着“不放弃每一条小鱼，不放弃每一个孩子”的信念，接力讲好“这条小鱼”的故事。

许继聪是厦门大学第二十一届研究生支教团隆德分队的队长，曾服务于宁夏隆德县第四中学。“去年 10 月份，一位学长告诉我，说九年级的晓飞

（化名）不想读书了，希望我能去找孩子谈一谈。”许继聪感到纳闷：初中都快要毕业了，怎么就突然想要辍学呢？

许继聪找到了晓飞。原来，晓飞的母亲多年前因车祸致听力受损，无法正常工作；而作为家里唯一顶梁柱的父亲，又在两年前因突发心脏病而无法劳动，于是，晓飞就产生了辍学到县城里打工减轻家里经济负担的念头。了解到情况后，许继聪和队友们轮番给晓飞做思想工作，并帮助他申请厦门大学研究生支教团助学金。晓飞打消了辍学的念头，决定继续学习。

隆德四中是一所乡村中学，生源以留守儿童居多，建档立卡的学生人数接近一半。“我们希望通过我们的力量让孩子们坚持学习，用知识改变命运。支教以来，我最欣慰的事是开学初说初中毕业就去银川打工的孩子，在不久前跟我说，‘老师，我想考大学’。”许继聪说。

《银川日报》：用心用情为闽宁镇孩子描绘七彩假期

2020 年 8 月 13 日

闽宁协作的 20 多年间，厦门大学研究生支教团也从祖国东南沿海到西北，用知识打开孩子们通往世界的窗户，用青春为孩子们的求学路助力。日前，新一届厦门大学研究生支教团来到闽宁镇，为孩子带来丰富多彩的暑期课程。

多彩假期课程开启求知窗

这个假期对于九岁半的王小涛（化名）来说，有些特别，“普通圆环有两个面，莫比乌斯环只有一个面，我觉得兴趣班讲得很有意思，让我想更了解这个世界”。

男孩口中的兴趣班，是 10 多天前厦门大学研究生支教团来银后，面向闽宁镇学生所开设的“七彩假期”兴趣课程。

厦门大学研究生支教团自 1999 年成立起，连续组建 22 届共计 296 名支教志愿者，每年赴海原、隆德等地进行对口支教。在永宁县团委的对接联系下，从 2017 年开始，厦门大学研究生支教团每年都会组织 5～8 名队员，在正式开始支教前，先到闽宁镇，为孩子们开设为期两周的各种兴趣班课程。

“听说社区来了好多支教老师，给孩子们免费教画画之类的，想着让孩子多学点东西。”一位家长告诉记者，收到社区的消息，大家第一时间就带着孩子报了名。

“今年我们 6 名支教队员来到闽宁镇，大家都来自不同的学院，所以我们会给学生带来不同的课程，比如艺术专业的同学可以教大家画画、做手工，人文社科专业的同学可以教语文阅读，理科的同学可以教给大家趣味科学，还有一些其他科普知识。”厦门大学研究生支教团队长林宇阳，来自新闻传播学院，这次他主讲硬笔书法，“这也是我们前往支教地之前的一种锻炼，万事开头难，但如果我们把这个头开好了，我相信对我们后面去海原、隆德上课会有很大的帮助。”

最美青春之花开在希望之地

研究生支教团的队员，都是厦门大学大四的毕业生，在宁夏支教一年后再回校读研，大家的平均年龄 22 岁，正值青春年华，对于支教都充满了热情。

来自公共卫生学院的李思成，准备结合自己的专业，为孩子们讲授防疫等知识。 因为父母是老师，他从小也有做老师的梦想，“有支教这样一个途径，我可以一边完成我的梦想，当一名老师，一边可以在未来从事我的本专业，当一名医生”。

外文学院的彭靖和信息学院的柯信玉，在学生时代都有被支教老师授课的经历，她们也把支教列在了自己的大学愿望清单上。“我们希望把支教传承下去，做一些对其他人有意义的事情。”“希望教育资源能够更均衡，让孩子们学到更多知识，以后有更多的选择。”

航空航天学院的蒋逢洲看到学长学姐分享支教的照片后，被“支教一年，自教一生”这句话所打动，也萌生了支教的想法。“让孩子们知道外面的世界，留下一颗梦的种子，说不定哪天慢慢就生根发芽，远大的理想抱负就能实现了。”

艺术学院的林颖菁来自福州，家里人一开始并不支持她来支教，离家千里不说，还可能会有水土不服、安全等问题，但内心坚强的她说服了自己的父母。“实现全面小康是一项非常伟大的事业，在这个过程中能尽自己小小的一份力，是非常荣幸的事。”

“我们要用不长的一年时间，做一辈子难忘的事情，把青春之花绽放在祖国最需要的地方。”队长林宇阳说。

创新教学方法激发学习兴趣

来宁支教前，所有支教队员们都要做充分的准备，提前一年进行教学培训、体能培训、行政培训，包括仪容仪表、语言姿势以及心理建设都要完备。

然而准备再充分，实际还是会遇到一些问题。第一次上课，他们还是会有些紧张。“如果在地方中学上课的话，比如说我上历史课，我就针对历史这一学科开始备课，给学生讲授知识，但是现在我们 6 个人可能要面对 80 多个学生，开设相对紧凑的兴趣课，而成人的思维和小学生的思维不太一样，怎么样让小学生更懂我们说的这些科普知识，这很有挑战性。”林宇阳说。

团队的力量是无穷的，通过共同协商，每堂课大家一起上阵，配合主讲人吸引学生的注意力；精心准备了各种手工，用可爱的卡通造型激发孩子们学习的兴趣；在体育活动中，通过一些趣味的益智游戏，加强与孩子们之间的沟通交流，大家能更加友好地相处。“小朋友们也喜欢我们的教学方法，喜欢我们跟他们交流，跟他们分享外面的世界。”支教队员蒋逢洲说。

闽宁镇福宁社区团支部书记纳佳豪表示：“这些支教队员来到这里后，表现都非常积极，让我们深切地感受到他们身上的活力。丰富多彩的课程安排，让学生在拓宽课外知识的同时也开阔了视野，也向我们展示了厦门大学‘自强不息，止于至善’的精神。”

采访中，记者发现在支教队员的队服上印有一句话：奋斗是青春最亮丽的底色！林宇阳告诉记者，这句话已经印在了他们每一个人的心里，这也将是他们未来支教道路上的动力来源。一分热，一分光，如萤火一般，照亮孩子们更宽广的未来，这就是他们支教的意义。

中国日报网：College students plant seeds of knowledge in Ningxia

2020年8月13日

Xiamen University in Fujian province has sent 296 students in 22 consecutive years to educate children in remote areas of the Ningxia Hui autonomous region.

Since 2017, five to eight college students have traveled to Minning township in Yinchuan for two weeks of the summer break to run after-school hobby clubs for local kids.

Wang Wentao, who is 9 and a half years old, said he learned about paper Mobius strips while attending a hobby club.

"Unlike normal paper, the strip has a surface of only one-sided," he said. "I think it's very interesting. I want to know more interesting things in the world."

In addition to teaching math, the college students teach painting, reading and science, among other things.

College student Jiang Fengzhou said that she liked the photos shared by her peers from visits in previous years and decided to join them.

"It's important for the children in remote areas to know that there's a bigger world outside their villages," said Jiang. "Our supporting education will plant seeds in their dreams, and someday those seed may sprout and their dreams may come true."

中国青年网：2000 多公里的复学路他“走了”100 多天

2020 年 6 月 3 日

同许多厦大学子一样，许继聪时刻关注着返校复学的信息。只不过，他想要返回的是远在宁夏回族自治区隆德县第四中学。

从祖国东南沿海的厦门大学，到位于西北黄土高坡西侧的服务地，有 2000 多公里的距离。但这段路途，厦门大学第二十一届研究生支教团成员许继聪却“走了”100 多天。

在漫长的时间旅程里他写下了这样的日记——

2019 年 12 月 31 日

2019 年的最后一天，我走上讲台，和即将参加期末考试的娃娃们一起复习了重要的知识点，叮嘱完这个又放心不下那个，像极了一位啰唆的“老父亲”。台下的娃娃们怎么抹起眼泪了呢？就连最调皮的小成也眼泛泪光……“我们再一起背一遍 34 个省级行政区简称的顺口溜吧。”我试图引开话题，驱散抑制不住的泪意。

“老师寒假结束后能早点回来吗？咱们这儿的元宵节可热闹了。”一下课，小成就围到我的身旁。一旁的小天忍不住插嘴道：“有踩高跷、高台、马社火、彩车、扭秧歌、舞龙舞狮……很多好玩的表演呢！”我心想，能和娃娃们一起度过这样热闹又有趣的元宵节一定难忘极了，便答应一定提早回来。就这样，我们便约定好下一次见面的时间。从此，漫长的等待有了重逢的渴望。

2020 年 2 月 8 日

元宵节到了，而我终究还是没能按时赴约。

坐在 2000 多公里外的家中，我心想着娃娃们一定失望了吧。无法见面的日子里，我做得最多的事情，便是想念。想念天蓝如洗的隆德，想念黄土高坡上我那群娃娃，想起第一次站上讲台的些许紧张，想起第一次在海拔 2000 多米的地方看到大雪，想起顺着弯弯曲曲的山路尽头便是娃娃们的家……

在厦门大学研究生支教团，一直流传着《这条小鱼在乎》的故事。

海水退潮后，大量的鱼搁浅在海滩上。一个小男孩见状，捡起鱼一条一条地往海里扔。路人不理解：“这么多鱼，你救得过来吗？”“我知道。”小男孩头也不抬地回答。“哦？那你为什么还捡？谁在乎呢？”男孩边捡起一条鱼扔进大海边回答：“这条鱼在乎，这条也在乎！还有这一条，这一条……”

每一个孩子，我们都在乎。他们过早地学着在风雨里当个大人，我们却希望，他们能在阳光下做回小孩。

2020 年 2 月 13 日

我和队友们的心又揪了起来。

看到隆德县确诊新冠病例的新闻，我们祈祷着，疫情过后见到的，仍是健健康康、活蹦乱跳的娃娃们。闽宁情义重，学校组织的一批口罩、额温枪等防疫物资已经送往隆德。娃娃们的防疫物资有了些补充。

我们和娃娃们分享着学习、生活上遇到的困难，缓解他们的压力和焦虑，与此同时，我们也不断收到春天捎来的好消息——“2 月 26 日，隆德 3 名确诊病例治愈出院，固原清零！”“3 月 16 日，宁夏确诊病例清零！”“截至 3 月 31 日 24 时，宁夏连续 28 天无新增确诊病例！”……距离重逢的日子，又近了一步。

2020 年 5 月 13 日

从春日到初夏，我们终于盼来了宁夏复学的好消息。

3 月 25 日，初三、高三年级复课；5 月 11 日，初二、高二年级复课；5 月 18 日，初一、高一年级复课。5 月，返程申请终于批复下来。

返程前的准备也不是一帆风顺的。今天一大早，我终于能前往医院进行核酸检测。队友们不是说只需要用棉签在舌根划几下，不会很难受的，为什么我还需要进行采鼻咽拭子？“哎呀，左边鼻子好像没采到，我们再换右边的试试。”护士的话给了刚刚从强烈的异物感中舒了一口气的我重重一击……算了，为了早日见到我的娃娃们！当天傍晚我收到了医院传来的好消息——阴性！

2020 年 5 月 23 日

听到周围亲切的口音，才真实感到，隆德，我们回来啦！

与孩子们的重逢，就剩下隔离这最后一道关卡啦！原以为隔离的日子，可能是有些枯燥、焦灼的，哪想到娃娃们得知我在沙塘隔离的消息，瞬间热闹了起来。“老师，我想你了”“老师，你还要隔离多久呀”……最后，他们还派了家在附近的同学为代表过来看望我。虽然只能“隔墙相望”，但好在距离终于缩短到几米了！

支教的幸福感，就藏在这一个又一个的瞬间……

厦门大学第二十一届研究生支教团成员许继聪和班里的娃娃们

“扶贫先扶志，扶贫必扶智。”20 多年来，厦大学子的身影一直在祖国的西部活跃着。《这条小鱼在乎》的故事也在代代相传，还有无数的“许继聪”在播撒着教育的种子，让每一个孩子的心中长出一棵参天大树，去看更高、更远、更广阔的天空。

中国青年网：厦门大学研究生支教团解“最美逆行者”后顾之忧

2020 年 2 月 27 日

2 月 9 日上午，厦门大学附属医院派出 264 名白衣战士集结出征驰援武汉。为解决“最美逆行者”后顾之忧，近日，厦门大学团委组织该校研究生支教团联手数学科学学院、外文学院、人文学院等单位共 370 余名同学组成的“手拉手”志愿者团队，面向厦门大学附属翔安医院、第一医院及杏林分院、仙岳医院等 8 个学校附属医院的医护人员子女开展云辅导爱心行动，为医护人员子女提供学业辅导、心理疏导、疫情防控科普等线上“多对一”志愿服务。

厦门大学第二十一、第二十二届研究生支教团成员主动请缨，纷纷加入这次“云辅导”活动之中。辅导科目以中小学语文、数学、英语为主，也包含历史、物理、政治等其他科目及音乐等兴趣类的课程。本次“云辅导”志愿活动受到一线医护工作者的广泛好评。

志愿者们所教授的孩子们小至幼儿园，大至高三毕业班，无论是对哪个年龄段的孩子，他们都付出了百分之一百的耐心和努力。志愿者们根据学生的需求制订有针对性的网络学习计划。

中国青年网：厦门大学研究生支教团开解忧杂货店为隆德孩子解心结

2019 年 11 月 27 日

在宁夏回族自治区固原市隆德县第四中学有这么一家店，每天营业不到一个小时，却生意兴隆，很受学生们的喜爱，它就是由厦门大学第二十一届研究生支教团隆德分队经营的解忧杂货店。

这里不销售“心灵鸡汤”，队员们开店的初衷就是想做一个小小树洞，能够让孩子们敞开心扉，道出困惑诉说烦恼，解开他们的心结。

开店的第一天，杂货店门口就排起了队员们意料之外的长队，但排队的这些孩子们只敢在门口好奇地张望，自觉静静排队等候，却没有一个人愿意走进店里。研究生支教团成员招手示意他们进来，他们害羞地互相推让起来，这时一个站在角落里的小男孩鼓起勇气走了进来。

“老师，我想和你聊聊……可以吗？”

“当然可以，你有什么烦恼吗？”

“老师，我总是学不好数学，你能帮帮我吗？”

“我觉得学好一门功课的首要前提是要上课认真听讲，课后认真完成作业。对于数学来说，多做题多思考多总结，刚开始也许很难，但随着你的题做得越多，总结得越多，你就会进步得越快，还有……”

“谢谢老师，我会按照你的方法坚持下去的！”

“老师，我也有一个问题！”

“老师，我也能和你聊聊吗？”

“老师，还有我！”

“大家别急，一个一个慢慢来。”

就这样，每天都会有学生光临研究生支教团成员的解忧杂货店，他们奇奇怪怪的烦恼和问题总能在这里找到想要的答案。如果说，把来咨询的学生比喻成迷途的羔羊，他们手里拿着地图，却没有去看或是不知道自己目前的位置，即使有了目的地，也不知道路在哪里。而研究生支教团成员就是他们的指南针，指引他们选择一条最适合的路。

在这群迷途羔羊里，有那么一只让人心疼的小羔羊，他叫晓胜（化名）。

第一眼见到晓胜，他不同于那些害羞内敛的学生，笑嘻嘻地向研究生支教团成员打招呼开玩笑。晓胜表示，这次期中考试发挥得不好，他问了很多关于大学学习生活上的事情，脸上满是向往。

当谈到家庭时，晓胜突然沉默了。

“老师，你更爱爸爸还是妈妈？”

“为什么突然这样问？”

“我一直跟爸爸生活在一起，可是爸爸得了脑梗，没法工作，只能躺在床上休息，妈妈也走了……”

“那爸爸不能工作，你们平时生活经济来源靠什么呀？

“主要靠爷爷奶奶种地和政府资助。”

“妈妈有回来看过你吗？”

“有的，妈妈甚至还想让我跟她一起走。可是我不想离开爸爸，爸爸比妈妈更需要我，但我也很爱妈妈……”

说着说着，他哽咽了，眼泪吧嗒吧嗒地往下掉……

从他忧郁、谨慎的神情和控制不住的眼泪中，研究生支教团成员深深地感受到家庭的窘境对这个开朗乐观的小男孩来说是一个挥之不去的魔咒。研究生支教团成员拍了拍他的肩膀，告诉他：“要跟妈妈好好聊聊，跟她说说你的想法，相信妈妈会理解你的，还有你现在是家里的小男子汉了，要坚强，要努力读书，要相信知识一定会改变你的命运，帮助你改善家里的情况，你要相信现在所经受的痛苦与磨难终有一天会成为你生命中及时亮起的星光，照亮你前行的路。”

中国青年网：为了西海固里微笑的花

2016 年 11 月 8 日

10 月底的深秋，本应只该是透露着一丝丝凉意的季节，但海原的气温却已经到达零下几度，天空也开始飘起了漫漫白雪。这个冬天，对于支教的我们来说，来得要比往年早了许多。

热心的孩子们为厦门大学研究生支教团带路

为了深入了解支教地农村孩子的生活，感受他们的需要，给予他们更多的关爱和帮助，10 月 29 日一大早，我们一行人便踏上了前往海原县关桥乡的大巴，带着好奇与憧憬，同样，也带着对孩子的关心与问候，我们对县城一中、二中、回中居住在关桥乡的学生以及乡下关桥中学的学生进行了家访。

大巴一路从县城驶入了乡下，随之映入眼帘的便是无尽的黄色……连延的山坡，极少看见绿色的植被；大片大片的黄土地，上面也没有任何农作物。眼前的一切，除开隔几十米就有的清真大寺是这边最豪华的建筑以外，其余的房子几乎全部都是用砖块、土堆积而成，简单而又破旧，没有任何修饰，而这里，就是孩子们的家。

下了车的第一站，我们来到了关桥中学小东（化名）的家。见到这么多老师的到来，初一的小男孩有些难以掩饰地害羞，没有过多的言语，只是马上将我们领到家里。小东一家四口人，父亲早年因病去世，母亲只能带着小东和年幼的弟弟妹妹一起借住在舅舅家。

推开门，眼前的一切着实让我们支教队员的心不由地颤抖了一下，没想到里面这个狭小的房间竟然就是这一家人生活的全部，做饭、睡觉全部都在这一个小小的房间里进行，再也没有任何多余的空间。我们还注意到，这样冷的天，床上只放着一床单薄的被子，不知道当夜幕降临，他们要如何度过这寒冷的黑夜呢？

绕着山路，走了很久，蹚过小河，爬过土堆，随后我们来到了小龙（化名）与小妮（化名）两兄妹的家里。小龙是哥哥，在关桥中学就读，小妮是妹妹，在县城回民中学就读。一进家门，映入眼帘的同样是一个狭小又密闭的空间，却被收拾得很干净，桌上物品摆放得十分整齐，还有七八盆茂密的绿色植物，显示出一位普通劳动妇女对生活情调的向往与良好的素养。

小龙的妈妈很热情地招呼我们坐下，给我们倒茶，拿出家里种的果子和馍馍招待我们，我们知道，这些对于他们来说已经是家里最好的东西了。水，在整个关桥乡的人们眼里都是极其珍贵的，关桥乡至今还未通自来水。小龙的妈妈带我们来到院子里的水窖，水窖是在地下挖一个井形，用来储存平常的雨水、雪水的，而他们所有的生活用水，包括饮用水，都来自这个水窖。回想起在来小龙家的路上，我们还看到一位老奶奶在自家屋檐下放满了盆子用于装前几天下雪融化的雪水，当我们问她接这个水有什么用时，奶奶还笑着说：“我们洗衣服、喝的水都用这个，这个水干净！”

正因为在如此艰苦的环境下，他们才更加懂得，只有努力读书才能够改变自己的生活与命运，小龙与小妮两兄妹家里的墙壁贴满了两人在学校所获得的奖状，我们明白，生活与学习对于他们来说有着更加神圣与重大的意义。

从小龙家出来，我们继续走访了七八家贫困家庭学生。家访路上，连续的山路奔波，几乎没有停歇，早已使得我们疲惫不已，腿脚酸胀了，但想到此次家访既能为学生带去一些温暖和关怀，也更好地了解了学生的生活和困难，大家觉得这一切是值得的。

如果不是志愿支教，也许我们永远不会踏上海原这片土地，如果不是亲眼所见，真的很难想象现实生活中依旧存在着如此真实的贫困。去过了他们的家，才能更好地为他们保驾护航。我们，厦门大学研究生支教团，无论再苦再累都会把支教的精神传承下去，尽最大的努力去帮助与关怀他们，带领他们打开外面世界的大门，相信只要有越来越多的人开始注意、呵护，那么，在这片贫瘠的土地上也一定能绽放出最鲜艳的花朵，孕育出祖国的栋梁！

中国青年网：厦门大学研究生支教团在额济纳旗中学举办校园歌手赛

2015 年 12 月 30 日

12 月 25 日下午，厦门大学第十七届研究生支教团内蒙古分队在额济纳旗中学举办以“彩虹人生，梦想引领未来”为主题的第五届“电力杯”校园歌手大赛。

本次大赛共吸引全校 90 多名同学报名，经过激烈的海选，共有 16 组选手（初高中各 8 组）脱颖而出，晋级最终的“圣诞大战”。 他们怀揣着激情与梦想，勇敢地站在决赛的舞台上，用歌声点亮青春，也深深打动了现场师生的心。

决赛在一首《轻轻地告诉你》甜甜的声线中拉开序幕，随后，《如果有来生》《明天会更好》《我的歌声里》慢慢点燃了比赛的氛围，选手们的歌声时而婉转动人，如山涧中的潺潺流水；时而激情澎湃，如大海的滚滚浪花；时而忧郁悲伤，如林黛玉望月伤悲，看花坠泪……引得台下掌声此起彼伏。

比赛中场，研究生支教团成员周禹和学校政史地组陈兴龙老师演唱歌曲《朋友》，他们充满激情与磁性的声音，引得场下的师生纷纷举起双手跟着节奏左右摇摆。 比赛在《我爱你中国》浓浓的爱国之音中渐渐进入了尾声。 最后，音乐组王永健老师和他的学生用一首《我相信》将全场的气氛推向最高潮。 整场比赛高潮迭起，精彩纷呈，完美地展现了青春的最强音。

此外，比赛中的知识问答环节也精彩纷呈，“现任国家主席习近平的夫人是中国著名的女高音歌唱家，请问她叫什么？ 她是民族还是美声声乐代表人？”“额济纳旗中学的校歌是什么？ 曲作者是谁？”“刚刚结束的《中国好声音》的冠军是谁，来自哪个战队？”……一系列简单有趣的问题确实考验了选手们的音乐素养。当选手答不上来时，场下观众都能积极抢答，并答对题目，展现了额旗中学良好的音乐文化底蕴。

参赛选手与厦门大学研究生支教团成员合影留念

最后，来自七年级（1）班的吕小程（化名）和来自高二（1）班的王小昊（化名）凭借自己精湛的技巧和动听的歌喉分别摘得初中组和高中组的桂冠。

据悉，为进一步丰富校园文化生活，努力营造积极向上、健康文明的文化氛围，丰富额旗中学学生的课余生活，展示额旗中学全体学生锐意进取、蓬勃向上的精神面貌，同时也给同学们提供锻炼自己、展示自己的机会，额旗中学校园歌手大赛自 2000 年起现已第五届。本届校园歌手大赛从 12 月初开始筹备，在厦大研究生支教团的队员合理分工、积极布置下，终于圆满落幕。至此，厦大研究生支教团本学期团学工作告一段落，进入总结反馈阶段。

中国青年网：厦门大学为支教团颁发嘉奖令表彰支教工作

2015 年 4 月 13 日

近日，厦门大学建校 94 周年大会在建南大会堂举行。会上，厦门大学研究生支教团等团队获学校通令嘉奖，以表彰和鼓励研究生支教团 16 年来取得的突出成绩。

根据《厦门大学学生表彰奖励暂行规定》，学校对在创新竞赛、学术研究、社会实践、志愿服务、社会工作或道德品行等领域取得显著成绩，产生良好社会影响并为学校赢得荣誉的学生个人或集体，在全校通令嘉奖，颁发嘉奖令。

厦门大学研究生支教团自 1999 年起，厦大研究生支教团先后派遣了 16 届共 183 名获得研究生入学资格的优秀本科毕业生远赴西藏、宁夏、内蒙古等地参加支教工作。16 年来，一届又一届的支教队员秉承“自强不息，止于至善”的校训，坚守西部三尺讲台，号召社会各界关注西部，打开西部孩子通往山外世界的一扇窗户，放飞他们求学的梦想。在 2014 年 9 月中央电视台和《光明日报》联合开展的“最美乡村教师”评选活动中，厦门大学研究生支教团荣获“特别关注乡村教师支教团体”称号，中央电视台《朝闻天下》对此做了专题报道。

目前，厦门大学第十七届研究生支教队的 18 名同学已于 2014 年 10 月组建完毕，将于今年 7 月分赴宁夏海原和内蒙古额济纳旗开展为期一年的支教服务。

《光明日报》：把梦留住

2014 年 3 月 21 日

2007 年 9 月 10 日，本版曾刊发报告文学《我们有一个梦想——一个大学生的西部支教手记》。厦门大学学生叶楠在文中深情记录了自己在宁夏西海固支教的经历，那些在干旱的黄土地上艰难生活、却为理想苦苦追索的孩子们的求学故事，牵动了无数读者的心，让人心情沉重，而又充满希望。7 年之后，当年的志愿者已研究生毕业，走上工作岗位；而当年的孩子们，也来到了外面的世界，为梦想不懈奋斗。作者再次提笔，把这个关于梦想的故事继续讲述下去。

挑灯夜读的学生们

2005 年

大雪纷飞中，我问："大家想过将来做什么吗？"

10 年后的今天，我还记得曾经耕耘于大西北黄羊川的台胞温世仁先生那几句小诗：

我们像一群孤独的战士/背负着似乎不可能完成的任务/行走在西部的草原和黄沙之中/我们前进的动力/来自于对苦难同胞无法忍受的关怀/和一种不灭的信念/深信在我们背后有一股无与伦比的力量/正蓄势待发/它的名字叫作——中国！

那是 2004 年的一个午后，我在厦门大学多媒体教室中看书看得眼皮直打架，便打开电脑，无意间点开了这个视频，看到了上面这段话。海峡那头温先生的梦想，在那一瞬间，如星辰闪耀在我眼前，鼓励着我有勇气迈向那从来没到过的地方。遥远的西北，那些没有见过面的孩子们的梦想，如此清晰地贴近我的心房。

10 年过去。10 年来，我们一直都在世界的各个角落奔跑，不断跌倒，不断爬起，继续往前跑。因为前面是我们最初的梦想。

2005 年我和厦大支教队友们一起坐在隆隆作响的绿皮火车里，从厦门到郑州，从郑州到西安，从西安到固原，从固原转海原。我和支教队友沈潇抵达支教地宁夏海原县西安乡中学时，已经是凉意袭人的秋天。正是开学时节，注册日那天，我看到在校门口，一个瘦小的孩子低垂着头和一个苍老的男人说着什么，那个男人背微驼，手在口袋里摸了很久，把一沓钞票递给那孩子。孩子没有伸手，男子轻轻叹了口气，把钱塞到孩子手里。

这孩子边走边回头看向校门口慢慢离去的父亲。他在注册点写下自己名字的时候，我站在他身后，看了一眼。他用正楷写下自己的名字：霍有季（化名）。

我心里默默记下了这个孩子，这个被同学戏称为"小老鼠"的少年。我不是他的任课老师，但因我住在男生宿舍隔壁，偶尔能在宿舍门口和他聊几句。他话不多，但语气坚定。

那年的雪下得特别大，县上通知学校参加法律知识竞赛，从接到比赛通知到比赛开始，准备时间只有一个星期。我和沈潇立即进行了一次校内代表队员选拔，报名的学生有几十人，最后三个学生脱颖而出：个子高高的女生张小梅（化名），眼睛大大的女生张小洁（化名），还有就是成天手中捧着一本书的霍有季。就读初三的他身板如小学生般瘦小，却一直微笑着，表情淡定。布置完比赛任务后，三个孩子扛着厚厚一摞资料回家或者寝室了。

第二天，我们把三个孩子叫过来询问练习进度，霍有季居然如竹筒倒豆子般，把正确答案基本都背了出来。这让我们很是吃惊。霍有季认真地说道："我从昨天晚上到现在一刻不停都在背。"我看着他黑黑的眼圈、干干的嘴唇，心里有点酸。后来，听张小梅说，霍有季一直很想上一次县城。

准备比赛的四天很快过去了，他们如三个遁入佛门的小和尚，一脸严肃虔诚地重复着经文。第一次走出大山的小小愿望，仿佛越来越触手可及。

大雪覆盖了通往县城的路，却挡不住我们坚持的心。第一次来到被他们称为"城里"的县城小镇，霍有季似乎感觉不到零下二十几度的寒冷，兴奋地到处张望。比赛前一天晚上，我带孩子们来到招待所边上的"牛娃串串烧"。冒着浓烈孜然辣椒味的烤羊肉，摆在我们面前。孩子们缩缩脖子咽了一下口水，沈潇道："晚上我们不分老师同学哦，只要肚子受得了，放开胃口吃啊！"三个孩子对视一下，都拘束地笑着拿了一串开啃。大家一边啃得满口酥香，一边海阔天空地聊起来。

我问："大家想过将来做什么吗？"霍有季眨眨小眼睛道："老师，你去过西安州老城墙吗？"霍有季的家就在西安乡的西安州古城墙根下，之前家访的时候我去过，我说："当然，那是西夏、蒙古、南宋必争之地。很壮阔雄伟。"霍有季笑道："是的。所以，我想以后开个公司。"朴实的霍有季口中说出这句话，让我们有点惊讶。"开公司？！"两位女生一脸不屑，"吹牛吹牛，开公司要花好多钱哪！"霍有季认真地说："我想在西安州老城墙那里开个旅游公司。把城墙重新修好，弄一个西夏主题的旅游公司。”张小洁看他说得振振有词，便问：“谁会去那儿旅游呢？不就是一个大土疙瘩嘛！”霍有季神秘地笑笑：“我有办法。”“净吹牛！”两位女生受不了被吊起胃口的感觉，“吹牛不上税！”

我笑道：“挺好的，我就很喜欢西安州的！那你们两个呢？”张小梅说：“我要环游世界！”我和沈潇又是一惊，忙问：“怎么个环游呢？”张小梅轻轻挥挥手上的羊肉串：“当记者呀！又能工作，又能在世界各地跑着。”霍有季很老成地点头：“不错，可行。”仿佛张小梅的梦想经他批准就实现了。张小梅哭笑不得：“比你的公司靠谱！”我说：“真好，你们的想法都很精彩！小洁呢？”张小洁说：“老师，我以后想做主持人。”她是西安中学首席学生主持人，声音清脆响亮，肢体语言得当，更重要的是，每次她一上台，脸上就绽放着自信的光芒。沈潇道：“好！你有这个天赋，老师相信你！”张小梅和霍有季也一起称赞：“你能行的！你天生就是主持人的材料！”虽然是诚挚的夸奖，在台上自信开朗的张小洁此时却害羞地低下了头。

走出烧烤店，街道已经被厚厚的积雪覆盖，几乎看不到行人了。大雪纷飞中，霍有季轻声问我：“老师，我的梦想能够实现吗？”我认真地回答：“坚持下去，全世界都会为你的梦想让路。”

进了招待所，我看到走廊尽头有个戴着小白帽子的穆斯林，安跪在一条薄毯上，合着眼睛虔诚地祈祷着，我不知道他嘴里念念有词的内容，却突然很想像他一样祝福孩子们明天好运——至少，这一次的机会，他们看得太重了。

第二天的法律知识竞赛，三个孩子配合默契，表现出色，尤其是霍有季在最后抢答环节力挽狂澜，我们戏剧性地夺得了第二名。许多年后，我们已经忘记获得了什么奖励，我却永远记住了霍有季那一晚勇敢说出来的梦想。

2007 年

我收到了他的信：老师，我考上县里的一中了！

2006 年的春天，沙尘暴依旧肆虐。我们终于联系到了一笔“一帮一”助学金，孩子们可以申请每年 200 元的补助。钱很少名额也不多，虽然是杯水车薪，我们还是按照惯例让孩子们主动申请，尽量给最急需的。一天晚自习后，我看到了霍有季用作业纸写的那封信：

> 亲爱的支教老师：你们好。我现在就读本校九年级(1)班，家住离此不远的老城村，家庭成员有爸爸、妈妈、哥哥和我。爸爸是一个地道的农民，妈妈有病，体力大不如前了，但是为了我与哥哥的学习，爸爸妈妈还是不惜一切代价，把我哥哥上千元的学费寄托在每年打粮不到 1000 斤的两亩地上。唉，我真是由衷地感叹自己的家庭条件。前年，哥哥等到了海原一中的录取通知书，我真为哥哥的优异成绩感到自豪，但也同时感到有压力，因为上千元的学费是我们这个贫困家庭所承担不了的。为了能让我和哥哥有一个好的前途，爸爸和旁人去借高利贷，甚至去医院卖了好几次血。在这两年里，为了供我和哥哥上学，父母不惜砸锅卖铁，已经欠了亲戚朋友上万元了。希望你们向我伸出援助之手，不为别的，为能减轻父母的负担。

这是几百份类似的申请书中的一份。我翻看到深夜，一夜无眠。第二天清晨，天将拂晓的那一刻，望着窗外的光明，我沉重的心奋然一振。天亮了，希望定不会断的。

离开西海固前的一个夜晚，霍有季走到我跟前说：“老师要走了吧？”我点点头。他说：“老师走之前，能送我一件小东西做纪念吗？”我环顾四周，在枕头下掏出一本书，说：“这本《管理学原理》是我大学的课本，我觉得里面有很多道理我们都能用到。”

他轻轻抚摸着书皮，说：“老师能帮我写几个字吗？”我打开扉页，认真地写了几个字：追求卓越，容忍失败。我说：“这几个字也是别人赠予我的，我觉得是很有力量的话。希望你在追求自己梦想的路上，能有这几个字相伴。”

这一刻，我想起了10多年前，在国家级贫困县的一个小村里求学的自己，收到大山外爱心人士邮寄来的一本书，那本书扉页写着同样的这8个字。

回到厦门后，我一直和孩子们保持着书信交流。霍有季马上就要中考了，我写信告诉他暂时不用给我回信，安心备考。可没想到，消息一断就是四个多月。我忍不住了，给西安乡中学的李校长打电话，得知了霍有季落榜的消息……

许多孩子，没有上高中的机会，最后只能选择背井离乡打工，离开了学校，他们常常音讯全无。我赶忙写了一封信邮给还在初三的张小梅，请她帮我交给霍有季。信的内容很简单，最后一句话是：梦想还在那里，我们一起去实现，追求卓越，容忍失败；我相信我们能坚持下来，任何不能把我们击垮的困难，只会让我们更强。

几周后他给我的回信，最后一句话居然是一首歌词：心若在梦就在，天地之间还有真爱，看成败人生豪迈，只不过是从头再来！反复地看着手中的信，千里之外的我，也不由自主哼唱了起来。

一年后的夏天，我收到了霍有季的信：老师，我考上县里的一中了！我考上县里的一中了！

霍有季没有手机，家里也没有电话，更没有电脑与我视频见面，我看到信上的那几个跳跃的字，仿佛看到他笑眯眯几乎把小眼睛都淹没的样子。

“老师，我下一个梦想就是考上厦门大学，中国最好的大学！”他在信里写道，“我要像您一样，在芙蓉湖边读书，在白城海边跑步。”——经过一年的“洗脑”，我班上的孩子们都知道在中国的东南沿海，有一所面朝大海春暖花开的大学，在我和他们眼里，世界上只有两种大学：厦门大学和其他大学。

高考前的冬天，霍有季渐渐和我断了书信联系。一开始我想，或许是学业太忙了，在千里之外我选择默然等待。有时候在路上看到“宁”或

“西”字，就会想起大西北深深山坳里那些孩子，这似乎成了一种本能。为了节省他的时间，我也暂停了给他写信。然而有一天我却从其他孩子的信里，得到了一个让人难过的消息：霍有季失去了他的至亲……

在温润的南国鹭岛，我却再次感受到西海固的刺骨寒风。我不知道瘦小的他是否还能迈出哪怕小小的一步。电话已经联系不上他，提笔了很久，信笺上却还是白纸一片。

那天快深夜的时候，我收到了一条陌生号码的短信：叶老师，最近学业比较忙，很抱歉都没有给您回信。请您放心，我一定会坚持下去，走出自己的一片天地。落款霍有季。

我知道他没有手机，应该是找老师或同学借的。手机荧光微弱的光芒却刺得我几乎要流泪。那一刻，我相信，他已经从一个男孩成为一个男人。

几个月后，一封来自西北的信给我带来了消息：“老师，我的分数不够上厦大。”“但我以后也一定会到厦大去。”

我不能在母校迎接霍有季，那是我多少次憧憬的场景。但我内心还是充满了幸福感——我想霍有季心里也是如此，因为我们一直在路上。

上了大学后，霍有季拥有了属于自己的通信工具，他申请了一个QQ号，他加我为好友的时候，我看到签名档上的个人简介：追求卓越，容忍失败！

在学校的机房里，他常常给我留言：

“老师，我终于到南京了，我第一次来到大都市。心情就像当年第一次上县城一样。”

“老师，我申请到了国家助学贷款了，请您放心。我已经能照顾好自己了，请您资助比我更需要的人吧。”

“老师，南京的物价真是不低啊，不过我觉得机会也真的很多，呵呵。”

“老师，我找到了两份兼职，虽然都是体力活儿，不过感到很充实。”

“老师，我应聘上了腾讯公司的兼职岗位！这是我喜欢做的事情，我一

定好好干。”

“老师，今天公司说让我做南京地区的主管……嘿嘿。”

2013 年

他在 QQ 上问:“老师,我的公司要开业了,您能来吗?”

2013 年的一天。下班后，我打开 QQ，那个熟悉的头像弹出来：“老师，我创办的公司马上就要举行开业仪式了，不知道您有没有时间能来呢？”

那一刻，我想起了 2005 年的那个雪夜，他轻声问我：老师，我的梦想能够实现吗？

这年的初夏，有一部电影叫作《致青春》，让我又想起了在西海固肆意青春的那一年。2013 年 12 月的一天，我和霍有季各自从北京和南京出发，终于一起来到了厦门大学。已经是大四学生，同时也是一家文化传播公司总经理的他和我彻夜长谈，畅聊产业发展，如同置身于西海固高原上那一间被呼呼北方吹破的黄土屋里，壮怀激烈。这就是梦想的神奇，时间不知道都去了哪儿，我们却已经一起飞过了茫茫戈壁滩。

第二天，在厦大颂恩楼，我又见到了许多支教的伙伴，杨振斌老师再次用热情的话语激励我们志愿者，新一批的西部支教队又将启程。我似乎又听到 2005 年开往西北的列车在呼啸，我相信这雄壮的声音从不停止。此时，我身边的霍有季，和我当年相仿的年纪，已经有了近 4 年志愿者工作的经历。

我们一起漫步在厦大芙蓉湖畔，向每一个迎面而来的陌生人点头微笑。霍有季特意到厦大图书馆门前留影，当走到一尊铜像下时，霍有季问我：“老师，这位先生是？”

我满怀虔诚地说：“厦门大学校主，陈嘉庚先生。”霍有季静静仰视着，我缓声道：“大约一百年前，嘉庚先生从南洋创业成功回乡时，厦门还是一个各方面都很落后的小渔村。先生决心倾资创学，即使在自己的企业遭受世界经济危机重创时，他仍然抱定‘一息尚存，此志不减’的精神，为兴学而不惜破产。厦大有‘四种精神’之说，其中首推嘉庚先生的爱国精神。”

霍有季沉吟了很久。

2014 年春天，霍有季告诉我，他和伙伴们创办的江宁青少年公益发展中心即将获得批准，这应该是南京地区首家面向志愿组织和青少年服务团体的社会组织孵化中心。接电话的时候，我正走在天安门广场上，这里红旗飘扬，人们轻快地自由穿梭。

回望西北，当年躬耕于大西北的温世仁先生斯人已去，但他的梦想却不再孤独。生活还在继续，脚步从不停止，霍有季继续在创业路上踏实笃行，张小梅已经收到了 IBM 的邀请，张小洁在宁夏接过了西部大开发的接力棒，我也已经在教育与体育岗位奋斗了 5 年。作为 13 亿中国人中的普通一员，我能感受到 13 亿人有 13 亿个梦想，这梦想盛在早餐的豆浆里，这梦想载入拥挤的公交车中，这梦想随着每次敲打键盘唱起歌来，这梦想浮现在每一张淳朴的笑脸上。大时代，就是让亿万个小我有能力做大梦想。在时代洪流之下，一切奇迹，我们或许都不应该讶异。一路追寻，唯梦与爱，梦是方向，爱是力量。

（叶楠，2005 年参加厦门大学支教团，赴宁夏海原县西安乡中学支教。2007 年出版中国第一部大学生独立撰写支教纪实《把梦留住》，2013 年，该书再版，全部售书所得捐赠西部学校。现居北京。）

新华网：厦大—安利支教团情牵宁夏贫困生

2011 年 5 月 29 日

“阳光总在风雨后，乌云上有晴空，珍惜所有的感动，每一份希望在你手中；阳光总在风雨后，请相信有彩虹，风风雨雨都接受我一直会在你的左右……”5 月 17 日，在厦门大学与安利公司举办的“点亮希望　照亮未来”爱心应急灯捐赠活动的现场，宁夏海原县关桥中学的马晓丽（化名）同学唱起了她最喜欢的《阳光总在风雨后》。她告诉记者，这是厦大—安利支教团的张晓强老师教会她唱的。她特别感谢张老师，是张老师教自己学会了坚强与自信，是张老师给自己推开了一扇通往外面世界的窗。

“点亮希望　照亮未来”爱心应急灯捐赠活动

安利公益志愿者与海原当地学生交谈

海原县位于宁夏回族自治区中部干旱带，年降水量只有 300 毫米左右，蒸发量却是降水量的 10 倍，是宁夏乃至全国最干旱的县区之一，被联合国教科文组织认定为最不适宜人类居住的地区之一。然而就在海原，厦门大学研究生支教团的队员们正进行着薪尽火传的支教接力。今年 5 月中旬，厦门大学团委与支教队合作企业安利公司相约来到宁夏，开展了系列公益助学活动，其中在前两年赠送 3500 顶的基础上再次向海原的 5 所乡镇小学赠送了 3000 顶安全小黄帽，并向 4 所乡镇中心捐赠了 100 盏的应急灯。

今年是安利公司与厦门大学支教合作的第七个年头。7 年来，在这片干涸的黄土地上，无论是满眼渴望知识的孩子还是义无反顾支教的队员，他们都如白杨般自立坚强、坚忍向上，不断演绎着一个又一个的感人故事。7 年来，厦大—安利支教团资助了 200 多名的贫困学生，兴建了关桥中学上弦月体育场和广播室、贾唐中学医务室等。7 年来，支教队员们潜心教学，大力助学赢得了社会的普遍赞誉。在当地，但凡提及厦大—安利支教团，无不交口称赞，而厦门大学也成为当地同学们心中的一块圣地。

“脑海之中有一个凤凰花开的路口，有我最珍惜的朋友，也许值得纪念的事情不多，至少还有这段回忆够深刻，是否远方的你有同样感受，成长的坎坷分享的片刻，当我又再次唱起你写下的歌，仿佛又回到那时候……”5月17日，当捐赠仪式即将结束的时候，厦大音乐系的支教队员张晓强用一首《凤凰花开的路口》表达了自己对海原这段日子的不舍之情。“再过一个月，我们就要回校了，”晓强的声音有些低沉，“尽管只有一年，但海原的支教生活，就像夏日里的一杯绿茶，虽然没有醇厚的芳香，但她的那抹清香，却总能让自己回味留恋。 时光飞逝，岁月如梭，我相信多年以后，自己总能不经意地回想起在海原的点点滴滴。”

后 记

本书在“众人拾柴火焰高”的不懈努力下终于完稿。首先，我们要向接受采访的历届支教队员、受援地师生代表表示衷心的感谢——感谢你们在百忙之中与我们分享十分宝贵而又感人至深的回忆和故事。其次，还要向一直以来关注西部发展、支持西部教育的社会团体、爱心人士致以最崇高的敬意！

逝者如斯夫，不舍昼夜。弹指一挥间，二十余载支教历程已经载入厦门大学的史册。在访谈过程中，支教前辈们讲述的故事令人动容，多年前的回忆宛如昨日般历历在目，不禁引发了后来者对支教的种种思考。厦大人“自强不息，止于至善”的校训精神，以及海原人民心中崇尚的“震柳精神”，在某种意义上是相通的。自强精神是中华民族几千年来熔铸而成的民族精神，在不同的时代、不同的地域衍生出不同的具体表现。

回首往事，经历的或许是苦涩，但回忆一定是美好的。二十余载薪火相传，厦大研究生支教团见证着西部地区的发展和西部教育的成长。如今，乡村中学的面貌焕然一新，配套设施逐步完善，办学质量大幅提升。在“知识改变命运”的共识之下，越来越多的贫困学子走出大山，走向更为宽广的未来。

在中国共产党和厦门大学百年华诞之际，我们编辑出版有关厦门大学研究生支教团的访谈录，既是对从筚路蓝缕到脱贫摘帽历程的回顾，也是对继往开来赢取新胜利的展望。本书在编撰过程中得到了历届支教团队员的大力支持，陈淑铌、高瑜聪、侯佳君、洪佳敏、林宇阳、王心君、谢芃、杨盛澜、张锡臻、周钧庭、周晓牧提供了采访稿件的相关支持，骆慧、梅龙飞、覃才修、索紫矜、涂佳婕、王悦霖、王中华、余哲炜进行了本书的编辑和校对工作，全书由林蕊、文静、梁振伟、王心君、洪佳敏完成统稿。学生记者组成的采访团队，深入全国各地研究生支教团队员所在地进行采访，名单太长无法一一列出，请见谅。

本书交稿之际，我们收到了来自海原县关桥中学李克俊校长的亲切问候和诚挚邀请，他说现在的关桥中学已然不是20年前、10年前甚至5年前的模样，他诚恳地邀请厦门大学的领导老师、历届支教队员们“常回家看看”，一起见证脱贫摘帽后的“大美关桥”。一时间，研究生支教团的微信群里充满了彼时的回忆和热烈的共鸣，厦门大学研究生支教团各届支教队员仿佛又回到了当年背起行囊奋不顾身地走进山区支教的那一天。无论各自经历了什么，他们的目光都在朝着同一个方向，那就是厦大研究生支教团这面旗帜得到了传承，这场爱心接力得到了延续。正如我们已经接过接力棒的第二十二届研究生支教团的一位支教队员所言：“如果有人问，支教一年意味着什么？那一定是支教一年即一生所得。”知无央、爱无疆，天行健，君子以自强不息。

本书编委会
2020年9月